Mitología Clásica

Historias Fascinantes de los Dioses y Héroes Griegos y Romanos, y las Criaturas Mitológicas

Índice

Primera Parte: Mitología Griega

Fascinantes Mitos de Dioses, Diosas, Monstruos y Héroes Griegos

Introducción

Gigantes. Dioses. Héroes. Monstruos. Estos son los protagonistas de los mitos y leyendas griegas. Estos relatos cuentan las historias previas a la existencia del tiempo, cuando los cielos y la tierra eran jóvenes, y cuando grandes hazañas fueron realizadas por individuos de proporciones épicas.

Para los antiguos griegos el concepto de un dios creador o dioses creadores no existía. Creían que el mundo comenzó a existir a partir del vacío. Pero ese vacío era en sí un ser: el nombre de este dios primordial, Caos, significa "grieta" o "abismo", y dentro de este abismo, nació la Madre Tierra también, sin creador ni asistencia. Los mitos de la creación griega difieren de aquellos contenidos en el libro del Génesis en la medida que las acciones de los dioses no solo producen plantas y animales. Conceptos como la noche, la muerte, el sueño y la memoria eran considerados como seres conscientes y ocupaban un lugar en la jerarquía de la creación, mereciendo el respeto—o adoración—de los mortales.

Además de relatar la creación del mundo, los mitos tienen distintas funciones en todas las culturas. Una de ellas está en las historias que nos explican el porqué de distintas cosas—el descubrimiento del fuego, por qué existe el clima, los nombres de las plantas y las aves. La mitología griega no es diferente: hiladas dentro de las historias de dioses y héroes se encuentran las maneras en que los antiguos griegos entendían el mundo que los rodeaba.

Para los antiguos griegos, el mundo era un lugar peligroso. La hambruna y la enfermedad, la guerra y la muerte, estaban siempre al acecho. La mala fortuna era el capricho de los dioses. Por lo tanto, estas historias también son una forma de prevención, buscando guiar a los humanos lejos del pecado de la arrogancia, tratando de mantenerlos humildes y al servicio de los dioses como era debido. De esta manera, los dioses se apiadarían de los mortales sobre los cuales reinaban.

Aunque los dioses y diosas griegos eran seres inmortales y poderosos, estos eran muy similares a los humanos que los adoraban. Los dioses y diosas sufren ataques de celos, se enamoran, se enfadan cuando se sienten engañados, y otorgan bendiciones cuando son honrados. De igual modo, los héroes son de proporciones épicas: su fuerza, velocidad y habilidad los separan de otros mortales; pero, como todos los humanos, sufren de dolores, enfermedades y muerte.

Existen muchas versiones de estos mitos, después de todo, fueron pasados de generación en generación durante siglos. Las versiones presentadas aquí son una amalgama de varias fuentes de mitología griega. Mi objetivo no era escribir un texto "oficial", así que he combinado elementos de distintas fuentes con el fin de crear una narrativa que fuera a su vez atractiva y fiel a las maneras de contar estas historias. Historias de las cuales todavía podemos aprender mucho incluso a día de hoy.

Parte I

La Era Dorada de los Titanes

La Creación de los Titanes

Al principio, solo existía Caos. De Caos, nacieron la Oscuridad y la Noche. De la unión de ambos, nacieron el Aire y el Día, pero también el Hado, la Muerte, el Sueño y la Vejez, y muchos otros hijos.

Después de Caos vino Gaya, que es la Madre Tierra, y luego Eros, el dios del Amor. Gaya, sin ayuda, engendró a Urano, que es el Padre Cielo, y junto a él tuvieron a los primeros dioses, los Titanes, quienes gobernaron el universo y lo poblaron con su descendencia divina. Algunos de ellos eran seres hermosos, quienes trajeron al mundo a dioses y diosas, pero otros eran de apariencia temible. Estos eran los Cíclopes, gigantes de un solo ojo, y los Hecatónquiros, de cien manos, tres hermanos gigantes con cincuenta cabezas y cien brazos cada uno. El Padre Cielo tenía miedo de los Cíclopes y Hecatónquiros. Por esta razón, los capturó y encerró en una cueva oscura y terrible en las profundidades de la tierra, el Tártaro, un lugar del que nadie puede escapar.

Además de estos, tuvieron otros doce hijos, seis varones, que son Océano, Ceo, Crío, Hiperión, Cronos y Japeto; y seis hembras, Mnemósine (la Memoria), Tetis, Tea, Febe, Rea y Temis.

Urano estaba celoso de sus hijos, así que los encerró en una cueva en las entrañas de Gaya. Mientras Urano colocaba a sus hijos dentro de su madre, esto le ocasionó dolor a Gaya, así que, para aliviarlo, creó una gran hoz hecha de adamanto, el más duro de los metales, y la otorgó a sus hijos.

"¿Quién de ustedes tomará esta hoz y nos librará de la tiranía de su padre, el Cielo?" dijo la Madre Tierra.

Pero los hijos de Gaya temían demasiado a su padre como para tomar la hoz. Hasta que un día Cronos dio un paso adelante y dijo, "dame la hoz, madre. Yo haré lo que pides".

Gaya escondió a Cronos donde Urano no pudiera verlo y le dijo lo que debía hacer. Al terminar el día, el Padre Cielo descendió sobre la Madre Tierra cubriéndola de oscuridad y deseando hacer el amor con ella. Y cuando Urano se estiró para alcanzar a la bella Gaya, Cronos tomó la hoz y cortó los genitales de su padre. Cronos los lanzó lejos. Algunas gotas de la sangre de Urano cayeron sobre Gaya y, al ser absorbidas, de estas nacieron las Erinias, Alecto, Tisífone y Megera, diosas de la venganza, los Gigantes y las ninfas de los árboles.

Los genitales de Urano cayeron al océano. Mientras flotaban, una espuma blanca empezó a rodearlos. La espuma creció y tomó la forma de una mujer joven, la más pura y bella de todas. Ella salió del agua y pisó la isla de Chipre, su nombre era Afrodita, la diosa del amor. Afrodita tuvo dos ayudantes al nacer: Eros, dios del amor, e Hímero, dios del deseo.

Una vez libres de su encierro, los Titanes contrajeron uniones entre ellos mismos para tener descendencia propia. El Sol, la Luna y el Amanecer eran hijos de Hiperión y Tea. Océano, el gran mar que rodea al mundo, y su esposa Tetis, eran los padres de poderosos ríos, incluyendo el Nilo y el Danubio, y de Metis, la primera esposa de Zeus y la madre de Atenea, diosa de la sabiduría. Atlas, que carga al cielo en sus hombros, Prometeo, portador del fuego, y el desafortunado Epimeteo, nacieron de Japeto y Asia, quien a su vez era hija de Océano y Tetis. Muchos de estos Titanes y sus hijos tienen historias propias, algunas de las cuales veremos más adelante.

El Nacimiento de los Olímpicos y la Caída de los Titanes

Los Titanes tuvieron muchos descendientes, pero, sin lugar a dudas, los más importantes fueron los Olímpicos, hijos de Rea y Cronos. Eventualmente, estos derrocarían a los antiguos dioses y se convertirían en los amos de la creación, reinando desde la cima del Monte Olimpo. Así fue como se desarrolló esta historia.

Rea y Cronos eran Titanes hijos del Padre Cielo y la Madre Tierra. Vivían como esposa y esposo. Rea tuvo muchos hijos de Cronos. Pero Cronos era celoso y paranoico, y había escuchado que su destino era ser derrocado por uno de sus hijos. Cada vez que Rea daba a Luz, Cronos estaba ahí para arrebatarle al recién nacido y devorarlo. La primera fue Hestia, luego Deméter, Hera, Hades, y Poseidón. Todos fueron engullidos, uno tras de otro. Así, Cronos pretendía asegurarse su reinado para toda la eternidad.

Al estar sumamente afligida por esto, Rea pidió ayuda a sus padres durante su nuevo embarazo. Estos accedieron a ayudarla. La guiaron a una cueva en la isla de Creta donde pudo dar a luz sin ningún riesgo. Este hijo era Zeus. Rea lo escondió lejos y dentro de Gaya. Zeus vivió bajo los cuidados de su abuela hasta su madurez.

Tras dejar a Zeus en la cueva, Rea envolvió una roca en una manta y la presentó a Cronos diciendo: "Mira, aquí está tu hijo recién nacido".

Cronos, consumido por sus celos y temores, engulló la roca sin fijarse en ella. Luego, se sintió satisfecho porque nadie podía intentar derrocarlo. Todos sus hijos eran prisioneros en su interior.

Mientras tanto, Zeus crecía en estatura y poder en la cueva de Creta. Cuando llegó el momento adecuado, abandonó su refugio y fue en busca de su padre. Padre e hijo se enfrentaron en una batalla feroz. Pero Zeus demostró ser más fuerte, forzando a Cronos a vomitar a sus hermanos y hermanas. Lo primero que salió del interior de Cronos fue la roca que había tragado en lugar de Zeus. Luego salieron Poseidón, Hades, Hera, Deméter y Hestia, uno detrás del otro. Zeus conservó la roca como un recuerdo de su triunfo, dejándosela a Pitón, en el Monte Sagrado de Parnaso.

Zeus tenía claro que algo tenía que cambiar en la jerarquía de los dioses. ¿Los Titanes debían seguir gobernando el Universo? ¿O había llegado la hora del reinado de los nuevos y jóvenes dioses y diosas? No se podía confiar en los Titanes: el padre de Zeus había devorado a sus hijos, y él solo había escapado este destino gracias a la astucia de su madre. Zeus conocía su fuerza y también la de sus hermanos, pero sabía que necesitaría ayuda. Primero buscó la ayuda de los Cíclopes, los terribles gigantes de un solo ojo, llamados Brotes (trueno), Estéropes (rayo) y Arges (claridad), a quienes otorgó forjas y marcadores.

Estos habían sido prisioneros en el Tártaro. Urano, el Padre Cielo, los había colocado ahí hacía ya mucho tiempo, y allí habían permanecido hasta que Cronos, padre de los dioses del Olimpo, los liberó y pidió su ayuda para derrocar a su padre. Los Cíclopes ayudaron a Cronos como agradecimiento y Urano fue derrocado; pero Cronos traicionó a los Cíclopes cuando logró su cometido y estos fueron aprisionados en el Tártaro una vez más.

Zeus enfrentó las temibles profundidades del Tártaro y liberó a los Cíclopes de su prisión. En agradecimiento, los Cíclopes crearon el trueno y el rayo como obsequios para Zeus, armas que este usaría en su batalla contra los Titanes y en cualquier momento que los necesitara. Los Cíclopes también otorgaron un tridente a Poseidón y un casco a Hades.

Zeus no solo liberó a los Cíclopes del Tátaro. Los Hecatónquiros, de cien brazos, Coto (furioso), Briareo (fuerte), Giges (extremidades grandes), eran hijos de Urano y Gaya. Estos hermanos tenían cincuenta cabezas y cien brazos, además de ser valientes y fuertes en combate. Ellos también habían sido aprisionados por Urano en las profundidades del Tártaro. Rea fue quien le dio la idea a Zeus de liberar a estos hermanos, alegando que, al hacerlo, podría contar con su ayuda siempre que lo necesitara. Zeus siguió el consejo de su madre. Descendió nuevamente al abismo del Tártaro y rescató a los Hecatónquiros, quienes, como Rea había predicho, prometieron ayudarlo cuando lo necesitara.

Con las armas fabricadas por los Cíclopes y la ayuda de los Hecatónquiros, los Olímpicos declararon la guerra contra los Titanes. Esta fue una gran batalla y, al final, los Titanes fueron derrotados. Zeus desterró a los Titanes al Tártaro y envió a los Hecatónquiros a vigilar su exilio.

Luego, se encargó de dividir el reinado del universo. Zeus, dios del trueno y el rayo, tomó los cielos. Poseidón, dios de los mares, tomó mares y océanos. Hades fue encargado con la tarea de reinar el Inframundo, el reino de los muertos, que lleva su mismo nombre.

Prometeo y Epimeteo

Prometeo y Epimeteo eran los hijos de los Titanes Japeto y Clímene, hija de Océano y Tetis. Prometeo luchó junto a los Olímpicos durante su guerra contra los Titanes; por esta razón, no fue enviado al Tártaro. Se dice que Prometeo fue el creador de la raza humana, moldeándolos a partir de barro. Junto a su hermano Epimeteo, también crearon a los animales, pájaros y peces.

Los hermanos trabajaron juntos para crear a los seres vivos. Epimeteo les otorgó diversos regalos: plumas o pelaje, la habilidad de volar o arrastrarse, fuerza, velocidad e instinto. Cuando las criaturas tuvieron formas y regalos asignados, Atenea les dio el aliento de la vida. Pero cuando llegó el turno de Prometeo para moldear a los humanos y se dio cuenta de que su hermano ya había distribuido todas las habilidades entre las bestias. Los únicos regalos que quedaban eran la habilidad de caminar erguidos, de la misma manera que lo hacían los dioses y diosas, y el fuego.

Prometeo amaba a los humanos por encima de todo y, aunque había luchado junto a los Olímpicos, guardaba cierto resentimiento contra estos por haber aprisionado al resto de su familia en el horrible abismo del Tártaro. Un día, mientras los humanos preparaban un sacrificio en honor a Zeus, Prometeo pensó en darle una lección a este dios. Instó a sus creaciones a separar la carne del toro que habían de ofrecer como tributo y colocarla en dos bultos separados. El primero contenía los huesos del animal cubiertos por la grasa; el segundo, la carne cubierta por la piel. Luego, Prometeo le dijo a Zeus "puedes elegir la que desees, pero tu decisión marcará lo que recibirás de los humanos durante el resto de la eternidad."

Zeus sabía que había algo sospechoso, pero aceptó las condiciones de Prometeo. Inspeccionó ambas porciones, una era un bulto cubierto por la piel, y la otra, un montículo de grasa. Zeus tomó la segunda, pero se enfureció al descubrir que no había carne en esa porción, solo huesos debajo de la grasa. Aunque estaba furioso, mantuvo su palabra. Desde ese día los humanos solo le ofrecían sacrificios de huesos y grasa, y él los aceptaba.

Sin embargo, castigó a los humanos por participar de este truco: les arrebató el fuego. Los pobres humanos temblaban dentro de sus casas, sin fuego no les era posible mantenerse calientes ni cocinar alimentos. Enflaquecieron. Prometeo se apiadó de sus creaciones y decidió devolverles el fuego, sin importarle las acciones de Zeus. Prometeo tomó una gran antorcha y la elevó al sol para encenderla. Luego, devolvió el fuego a los humanos, quienes se regocijaron de tenerlo de vuelta. Podían volver a cocinar, mantenerse calientes y hacer muchas otras tareas.

Al ver esto, Zeus decidió castigar a Prometeo y a la humanidad. Pero esta no era la única razón por la cual estaba furioso con Prometeo. El Titán había predicho que un hijo de Zeus se rebelaría y acabaría con su reinado. Además, la identidad de este hijo era un misterio. Como castigo, Zeus ordenó a dos de sus sirvientes, Autoridad y Violencia, ir junto al dios de los herreros, Hefesto, y llevar a Prometeo a las Montañas del Cáucaso para encadenarlo a una roca en la cima de estos picos. Las cadenas de diamante eran muy fuertes, incluso para el hijo de un Titán. Luego, Zeus envió a un águila gigante a devorar el hígado de Prometeo. Como Prometeo era inmortal, su hígado se regeneraría cada día y el águila volvería a hacer su trabajo, causando un gran y continuo sufrimiento.

Había dos formas de liberar a Prometeo de su tormento. La primera, era que revelara la identidad del hijo que amenazaba con acabar el reinado de Zeus; la segunda, era que un mortal aceptara morir en su lugar. Se dice que Prometeo fue liberado cuando el centauro Quirón ofreció su vida a cambio y el legendario héroe Heracles ayudó a su escape capturando y asesinando al águila, y rompiendo las cadenas. Pero Prometeo jamás reveló la identidad del usurpador. Guardó ese secreto para siempre.

Zeus jamás perdonó a Prometeo por su truco, ni a la humanidad por recuperar el fuego. Tras castigar a Prometeo, pensó en la mejor manera de reprender a Epimeteo por haber colaborado con su hermano en la creación de los humanos. Las creaciones que habían humillado a Zeus. Si Prometeo y sus humanos podían gastarle una broma a Zeus, él podía hacer lo mismo con Epimeteo. Primero, acudió a Hefesto y le pidió que creara una mujer cuya belleza opacara a la de cualquier mortal. Luego, llevó a la mujer ante Hermes, y le dijo que la convirtiera en una mujer mentirosa y una persona poco fiable. Esta mujer fue nombrada Pandora. Además, Zeus le entregó una caja a Pandora, ordenándole que nunca la abriera.

Zeus llevó a Pandora a la Tierra, donde Epimeteo llevaba tiempo viviendo con los humanos. Pandora fue presentada al Titán como un obsequio de los dioses. Aunque Epimeteo sabía muy bien que no debía confiar en los dioses y sus regalos, la belleza de Pandora nubló su juicio. La aceptó y la tomó como su esposa.

Durante mucho tiempo, ambos vivieron felices, pero la caja misteriosa se convirtió poco a poco en el centro de atención de Pandora. Pasaba horas pensando en el contenido de la misma. ¿Qué pasaría si echaba una ojeada dentro de la caja? ¿Qué pasaría si tan solo levantaba la tapa un poco? Era probable que nada malo ocurriera por ello.

Pandora pasaba el tiempo pensando en ella. No podía sacar la caja de su cabeza. Así que, un día, cuando Epimeteo se encontraba fuera, tomó la caja de su repisa. La colocó sobre una mesa y, lentamente y con mucho cuidado, levantó la tapa un poco. Pero su precaución no evitó lo que estaba a punto de suceder. Dentro de la caja habitaba todo el mal del mundo—Miedo, Enfermedad, Hambre, Dolor, Envidia, Rencor, y muchas otras cosas malévolas. Eran tan numerosas que levantaron toda la tapa y escaparon, esparciéndose por el mundo y trayendo miseria a la humanidad. Pandora cerró la caja tan rápido como pudo antes de que todas las cosas dentro de ella escaparan. Solo quedó una: la Esperanza. Esto explica por qué los humanos tienen esperanza incluso en un mundo lleno de sufrimiento y muerte.

El Nacimiento de las Musas

Se dice que cuando Zeus vio a Mnemósine, hija de Gaya y Urano, no pudo apartarla de su mente. Así que Zeus la visitó por las noches durante nueve noches seguidas, hasta que ella se dio cuenta de que estaba embarazada. Al cumplirse la gestación, Mnemósine dio a luz a nueve bellas hijas. Estas crecieron para convertirse en mujeres hermosas y habilidosas en distintas artes. A ella acuden los llamados de los humanos que buscan inspiración, y son conocidas como las Musas.

Calíope, la mayor, inspira a los hombres a escribir y contar historias sobre las hazañas de los dioses y héroes. Clío es la musa de la historia, el recuento de las verdaderas históricas de reinos y monarcas, mientras Euterpe ayuda a los hombres a escribir canciones y poesía lírica. Cuando un hombre está enamorado y desea escribir versos a su amada, convoca a Erato, cuya habilidad yace en los versos del amor; sin embargo, los dramaturgos, acuden a Melpómene para la tragedia y a Talía para la comedia. Polimnia proporciona a los humanos la habilidad de escribir canciones dignas para la alabanza de los dioses, mientras Terpsícore les enseña a bailar con gracia y alegría. Finalmente, Urania, la musa de la astronomía, ayuda a los humanos a entender los movimientos de los astros y su significado para los habitantes de la tierra.

Hoy en día es extraño hablar de astronomía junto a las expresiones artísticas literarias y musicales, pero no lo era en la Antigua Grecia. Mientras nosotros pensamos en "melodía" como la parte principal de una canción y "harmonía" como los acordes que la acompañan, o añadir una segunda voz a la línea melódica, los griegos tenían un concepto mucho más amplio y complejo de estos términos, considerándolos como nociones más allá de canciones o música instrumental. El antiguo concepto griego "melos" (la raíz de la palabra melodía) agrupaba el texto, ritmo y movimientos de baile que solían acompañar a una pieza musical. Y la "harmonía" no solo significaba la combinación de sonidos o el funcionamiento de una línea musical como un todo, este término hacía referencia a la idea de las buenas relaciones entre las personas, y la relación entre la humanidad y el universo.

El concepto de la conexión entre la música, la estructura social y el universo era tan poderoso que muchos filósofos se preguntaron si la naturaleza del universo era musical. La idea de que cada planeta tiene su propio tono, y que cada uno de estos tonos puede expresarse como intervalos musicales de un planeta a otro, se le atribuye Pitágoras y fue aceptada como una forma de entender el universo hasta el Renacimiento.

Por esta razón, que una de las Musas sea asociada al estudio de los cielos mientras sus hermanas están relacionadas con las artes no tiene nada de extraño. La harmonía del universo y el lugar que ocupa la humanidad dentro de este es un asunto musical al igual que las canciones que cantaban o los ritmos que seguían para bailar.

Parte II

Los Dioses y Diosas del Olimpo

Tras conocer las hazañas del poderoso Padre Zeus, su victoria ante los Titanes, el castigo de Prometeo, y otras muchas, es el momento de relatar las historias de los otros dioses del Olimpo, hermanos e hijos de Zeus.

Hera, Reina de los Dioses

Hija de Rea y Cronos, y la tercera esposa del poderoso Padre Zeus, Hera era la patrona de las mujeres y diosa del matrimonio y el cielo. Hera y Zeus tuvieron varios hijos, siendo el más famoso de ellos el violento Ares, dios de la guerra. Además, era la hija adoptiva de Tetis, quien la cuidó mientras Zeus y sus hermanos luchaban contra los Titanes. Se dice que al terminar la guerra, Hera, Poseidón y Hades estaban tan asustados del poder de Zeus que intentaron encadenarlo. Zeus fue liberado por Tetis y Briareo, el Hecatónquiro, quien se dispuso a ayudar al dios en su tiempo de necesidad. Después de esto, ningún dios osó retener a Zeus de nuevo.

Zeus ya había tenido otras esposas e hijos antes de casarse con Hera, y sus aventuras no se detuvieron después de esta unión. Hera sufrió muchas infidelidades por parte de Zeus. Sus celos, la impulsaron a crear un hijo propio, el ingenioso Hefesto, y con frecuencia buscaba la manera de acabar con los otros hijos de Zeus, incluyendo a su homónimo, el gran héroe, Heracles.

Hera tenía admiradores, pero estos no eran bien recibidos. Cuenta la historia que un hombre llamado Ixión deseaba ganar la atención y favores de la diosa. A Hera no le agradaba esto, y fue a contarle a Zeus sobre las intenciones de este mortal. Zeus engañó al mortal presentándole una nube moldeada en la forma y apariencia de Hera. Ixión mordió el anzuelo y le hizo el amor a la nube. Se dice que de esta unión nació el primer centauro. Pero, aunque Ixión no había dormido con Hera, su pretensión no podía quedar impune. Zeus lo fijó a una rueda de tortura y lo condenó a girar por el cielo impulsado por el viento durante toda la eternidad.

Hermes, Bromista, y Mensajero de los Dioses

Atlas era hijo de Japeto y hermano de Prometeo, y su esposa era Pléyone, hija de Océano. De su unión nacieron siete hijas, las Pléyades, entre las cuales figuraba Maya. Zeus vigilaba y deseaba a Maya, y por esta razón hizo el amor con ella. Pronto, esta quedó embarazada y dio a luz a un niño, a quien llamó Hermes.

Hermes era un niño precioso y desde temprana edad empezó a hacer trucos a otros dioses. La víctima de su primera broma fue el dios Apolo. Hermes abandonó la cueva en la que había estado viviendo con su madre y se dirigió a Pieria, donde robó un rebaño del ganado de este dios. Para cubrir sus huellas, Hermes puso sandalias al revés en los pies de los animales. Luego, llevó al rebaño a Pilos, donde sacrificó a algunos animales para consumir su carne, quemando las sobras. Además, escondió al resto del ganado en una cueva cercana.

Cuando terminó de hacer esto, se sentó fuera de la cueva a meditar. Después de un tiempo, notó que una tortuga se desplazaba lentamente sobre la pradera. Hermes la capturó y la mató. Quitó el contenido del caparazón y le puso cuerdas. Así, Hermes inventó la lira. Además, diseñó un plectro para tocarla.

Mientras, Apolo se había enterado de las acciones de Hermes y fue a buscar al pequeño dios para recuperar su rebaño. Fue con su madre, Maya, y acusó al bebé de haber robado el ganado. Pero Maya levantó al bebé y dijo "¿cómo podría este pequeño robar un rebaño de tu ganado?"

Apolo no era tonto. Llevó a Hermes ante Zeus y le contó sobre lo sucedido. Al principio, Hermes negó todo, pero luego desistió y llevó a Apolo hasta la cueva donde había escondido el ganado. La lira que había fabricado también estaba allí. Apolo preguntó por ella y Hermes le enseñó cómo tocarla. Apolo estaba tan encantado con el instrumento que propuso un intercambio, la lira por el ganado. Así fue como Apolo se convirtió en un intérprete de la lira.

Hermes guió a su rebaño a la pradera para pastar y cuidó de él. Ahora era suyo. Pero vigilar un rebaño es un trabajo tedioso, así que Hermes fabricó una flauta para tocarla y así pasar el tiempo. Apolo escuchó este instrumento y se dirigió a la pradera para ver de qué se trataba. Allí encontró a Hermes tocando este instrumento. Apolo pidió tener la flauta, pero Hermes no se la daría sin nada a cambio. Hermes propuso un trueque, la flauta por la vara dorada de Apolo. Con esta vara, Hermes ganaría el poder de la adivinación. Apolo lo consideró un trato justo y aceptó.

Zeus designó a Hermes como su mensajero especial. Hermes es el patrón del comercio, el ganado y los bromistas.

Atenea de ojos grises, Diosa de la Sabiduría y la Estrategia

La primera esposa de Zeus fue Metis, hija de los Titanes Océano y Tetis. Durante el primer embarazo de esta, Gaya y Urano advirtieron a Zeus que el producto de esta unión sería tan sabio y poderoso que podría derrocar a su padre. Zeus se preocupó por esto. Al pedir consejo a los Titanes, recomendaron a Zeus hacer lo mismo que su padre, Cronos, engullir al infante una vez nacido. Zeus no esperó hasta el nacimiento. Secuestró a Metis, todavía embarazada, y se la tragó completa.

Metis subió hasta la cabeza de Zeus y allí dio a luz a su hija. Luego, procedió a tejer una túnica y a fabricar un casco para ella. El martilleo incesante de la elaboración del casco le produjo un terrible dolor de cabeza a Zeus. Nada parecía ponerle fin. En su agonía, imploró a los otros dioses que le ayudaran. Finalmente, el gran Prometeo tomó un hacha y abanicó, cortando a Zeus justo en la mitad de su cabeza, aunque algunos dicen que esto fue obra de Hefesto. De la herida, salió una diosa hermosa y madura, vestida con una túnica y equipada con un casco. Esta era la hija de Zeus, Atenea, diosa de la sabiduría, la justicia, y la estrategia.

La ciudad de Atenas lleva su nombre y está bajo su protección personal, y ocurrió del siguiente modo. Hace mucho tiempo un rey llamado Cécrope fundó una nueva ciudad. Se dice que este ser no era humano, sino la mitad superior de un hombre y la cola de una gran serpiente o pez en lugar de piernas. También se dice que Cécrope fue el primero en hacer sacrificios en honor a Zeus y declararlo un dios después de la guerra con los Titanes. Cécrope quería que un dios o diosa se convirtiera en patrón de su ciudad y dejó este honor en manos de los Olímpicos. Poseidón y Atenea decidieron competir para decidir quién sería el patrón de la ciudad. Poseidón caminó a la cima de la Acrópolis, la gran colina rocosa en el centro de la ciudad y golpeó la tierra con su tridente. Un torrente de agua cristalina brotó de ese lugar, y con esto Poseidón le otorgaría a la ciudad el dominio sobre los mares y poderío naval. Atenea plantó un olivo, que simboliza la paz y la prosperidad. Cécrope preguntó a su pueblo a qué dios preferían como patrón, y estos contestaron "queremos a Atenea". Así, la ciudad fue nombrada Atenas, y la gente construyó un gran templo para la diosa Atenea en la cima de la Acrópolis, declarándola su protectora.

Atenea otorgó sus favores a quienes la veneraban, y destrucción y desgracia a todos los que no lo hacían, pero su juicio siempre era justo. Esta es la historia de un hombre joven llamado Tiresias, cuya madre era una ninfa. Un día, Tiresias llegó por accidente al lugar donde la diosa Atenea tomaba un baño. No era la intención de Tiresias cometer tal intromisión, pero la diosa virgen se puso furiosa de que un hombre la viera desnuda, así que cegó a Tiresias. Su madre le rogó que le devolviera la visión a su hijo, pero la diosa no podía revertir su acción. En vez de eso, limpió los oídos de Tiresias con lana. Después de esto, Tiresias fue capaz de entender el idioma de las aves. Con esta habilidad, Tiresias se convirtió en un profeta y vidente famoso.

Esta diosa, sabia en la estrategia, también favorecía a aquellos que trabajaban algún arte u oficio. Existió hace tiempo un niño llamado Pérdix, que era discípulo del constructor Dédalo. Pérdix era un gran observador de la naturaleza y siempre buscaba inventar algo útil basado en sus observaciones. Un día, al mirar la espina de un pescado, tuvo una idea. Consiguió una lámina de hierro y cortó uno de los extremos como si fueran dientes, imitando los huesos que sobresalen de la espina. Descubrió que con este invento era muy fácil cortar madera. Pérdix había inventado la sierra. Pero su maestro, Dédalo, estaba celoso del talento de su discípulo. Capturó a Pérdix y lo arrojó desde la cima de la Acrópolis, pero hizo parecer que su aprendiz había resbalado. Atenea vio al joven caer y lo salvó convirtiéndolo en un pájaro. Pérdix mantuvo su nombre después de esto porque Pérdix significa "perdiz".

Hefesto, Dios del Fuego y la Herrería

Cuando Hera vio cómo Zeus dio a luz a la sabia Atenea de ojos grises, sus celos la impulsaron a concebir un hijo sin la ayuda de nadie. Pronto, Hera tuvo un hijo varón, a quien llamó Hefesto. Pero Hera sintió disgusto por su hijo. Este había nacido con las piernas deformes. Por lo tanto, lo arrojó desde la cima del Olimpo. Pero, Eurínome, hija de Océano, y Tetis, hija de Nereo, atraparon al bebé. Lo acogieron en su hogar y pronto descubrieron que este niño tenía una capacidad excepcional para trabajar con los metales, fabricando toda clase de armas, armadura y joyas.

Hefesto guardaba un gran resentimiento hacia Hera por lo que había hecho y juró encontrar la manera de regresar al Olimpo. Creó una silla y la envió como regalo a Hera. Esta era una silla maldita. Cualquiera podía sentarse en ella sin problema, excepto Hera. Si ella se sentaba, quedaría atrapada en la silla hasta que Hefesto decidiera liberarla.

La silla fue llevaba al Olimpo y pronto Hera decidió sentarse en ella. Quedó atrapada. Se dice que Zeus ofreció la mano de Afrodita a la persona que pudiera liberarla -esta historia se amplía en la sección dedicada a Ares, dios de la guerra. Otros dicen que los dioses del Olimpo acudieron a Hefesto y le imploraron su ayuda. Después de todo, Hera era su madre. Hefesto se negó hasta que Dionisio lo hizo beber demasiado y lo trajo de vuelta al servicio de los dioses. Así fue como Hefesto liberó a Hera y fue bienvenido otra vez en el Olimpo.

Hefesto continuó su trabajo como herrero al servicio de los dioses, fabricando lo que estos pedían. Algunas de sus creaciones eran buenas, como la armadura usada por Aquiles en la guerra de Troya; otras causaron sufrimiento, como las cadenas de Prometeo y la joven Pandora, quien liberó las aflicciones de la humanidad.

Artemisa, la Diosa Virgen de la Caza

Leto era la hija de los Titanes Ceo y Febe. Zeus la deseaba, así que la tomó como esposa. Pronto, esta quedó embarazada de gemelos, una niña y un niño. Al niño, le puso Apolo; a la niña, Artemisa.

Artemisa amaba a los animales y la caza. Aunque tenía muchos pretendientes, ella no deseaba ser desposada por nadie, así que acudió a su padre, Zeus, y le pidió que le permitiera permanecer virgen para siempre. Además, le pidió a Zeus un arco y flechas y una túnica que llegara a la altura de sus rodillas para poder correr, y la compañía de muchas ninfas, quienes se convertirían en sus amigas y ayudantes y cuidarían de sus perros de caza. Su arco y flechas fueron fabricados por los Cíclopes, los grandes herreros, quienes fabricaron los rayos de Zeus. Sus sabuesos tampoco eran ordinarios. Fueron un regalo del dios Pan, quien los escogió de entre sus sabuesos personales. Estos eran veloces y valientes, no temían ni a los leones. También deseaba un carruaje que la llevara a donde quisiera; para eso persiguió a los cinco ciervos de astas doradas, incansables y grandes como toros. Pero solo fue capaz de capturar a cuatro, el quinto escapó a las colinas de Cirnea y fue capturado por Heracles durante sus legendarias labores.

Así, Artemisa se convirtió en la protectora de los animales salvajes y los cazadores, las doncellas vírgenes y los infantes. También era sagrada para las mujeres en su labor de parto. Cuenta la historia que, al dar a luz, Artemisa nació primero y ayudó a su madre, Leto, con el parto de su hermano.

Artemisa guardó con celo su castidad. No permitía a ningún dios o mortal de sexo masculino acercarse a ella. Un día, el cazador Acteón descubrió a la diosa y sus ninfas mientras estas tomaban un baño y, en lugar de huir, decidió espiarlas. Cuando Artemisa lo descubrió, lo convirtió en un ciervo y envió a sus perros tras él. Los sabuesos lo atraparon y asesinaron, un castigo justo por su atrevimiento.

Aunque Artemisa nunca tuvo un esposo o amante, sí tuvo amigos varones. Uno de estos fue Orión, un gran cazador y gigante. Orión se jactaba de poder cazar a cualquier animal que caminara sobre la faz de la tierra, sin importar lo feroz que fuera. Orión murió debido a una picadura de escorpión en uno de sus talones. Artemisa guardó luto por la muerte de su amigo y pidió a los dioses del Olimpo que enviaran a Orión a los cielos. Los dioses escucharon su plegaria y colocaron a ambos, Orión y el letal escorpión en el cielo, como constelaciones.

Apolo, Dios de la Música y la Curación

Apolo era hijo de Leto y Zeus, y hermano gemelo Artemisa, diosa de la caza. Como su hermana, Apolo pidió un arco y flechas, pero también la lira fabricada por Hermes para poder hacer música y componer canciones. Apolo se convirtió en el músico más reconocido entre los Olímpicos. Por esto, es el patrón de los músicos. Apolo hace cumplir la voluntad de Zeus. Sus flechas traen enfermedad y muerte a aquellos que desobedecen y enfurecen a los dioses; pero también tiene el poder de curar a los enfermos y afligidos si suplican por su misericordia y le honran con sacrificios adecuados.

El Oráculo de Delfos era sagrado para Apolo. La razón era la siguiente. Hace mucho tiempo, Gaya, la Madre Tierra, vino a Delfos. Ella notó que este lugar era sagrado porque allí, Zeus había colocado la roca que Rea utilizó para engañar a Cronos. Al ver esto, Gaya encargó a Pitón, una gran serpiente, proteger la roca de cualquier intruso.

Se dice que Apolo detestaba a esta serpiente porque había perseguido a su madre cuando ella todavía estaba embarazada. Otros dicen que Apolo quería acudir al Oráculo, pero Pitón no se lo permitía. De cualquier manera, Apolo había decidido que Pitón era su enemigo, y con un arco y una flecha se dispuso a exterminarlo. Una vez muerta la serpiente, Apolo tomó el Oráculo, y el lugar se convirtió en un sitio sagrado para él.

Al igual que su padre, Zeus, Apolo también llegó a enamorarse de mortales. Sentía un afecto especial por un joven llamado Jacinto. Jacinto era el más hermoso entre todos los hombres, con un cuerpo escultural, y cabello negro y grueso. Un día, Apolo practicaba con el disco, pero no midió la fuerza de su lanzamiento y este llegó hasta Jacinto, golpeándolo en la cabeza. Fue una muerte instantánea. Apolo fue a su lado y lloró la muerte de su amado. Como un memorial a la belleza de Jacinto, Apolo hizo crecer plantas en los lugares manchados por la sangre del joven, y estas flores todavía poseen el nombre del amante de este dios.

Apolo podía amar profundamente, pero también era capaz de una gran crueldad e ira. Marsias, el sátiro, descubriría lo muy celoso que era el dios con su título del mejor músico de todos. Un día, la diosa Atenea quiso producir música, así que creó un nuevo instrumento. Este consistía de dos tubos con juncos entre ellos. Además, se ejecutaba soplando en los juncos y tapando los agujeros en los tubos. Atenea estaba complacida con su creación, la cual llamó aulós, y se dirigió al Olimpo tocándola. Pero los otros dioses y diosas se burlaron de ella por la manera en que inflaba las mejillas al tocar el instrumento. Avergonzada, Atenea arrojó el aulós lejos.

El sátiro Marsias encontró el instrumento. Al tomarlo y soplarlo, quedó encantado con el sonido emitido por el mismo. Le gustó tanto que aprendió, por su cuenta, cómo tocar música con el aulós. Pronto se había convertido en un músico reconocido, capaz de tocar diversas melodías con gran habilidad. "¡Ja!" dijo Marsias, "soy tan buen músico como el mismísimo Apolo".

Al oír esto, Apolo enfureció. El dios se mostró ante el sátiro y le retó a un concurso de habilidad musical. Ambos acordaron que el ganador podría hacer lo que quisiera con el perdedor.

Apolo tomó su lira y tocó de manera magistral. Marsias, tomó su aulós y lo hizo de igual manera. Durante un largo tiempo, era imposible determinar quién sería el ganador. Esto fue hasta que Apolo puso su lira de cabeza y comenzó a tocarla. "¿Puedes tocar el aulós al revés?" le preguntó a Marsias.

Pero el sátiro no podía. Apolo fue declarado ganador del concurso y el pobre Marsias fue desollado vivo.

Dionisio, Dios del Vino y la Locura Ritual

Sémele era la hija de Cadmo y Harmonía. Zeus se enamoró de ella y la llevó a su cama, pero lo hizo en secreto y a oscuras. Ella era humana y Zeus no quería lastimarla al mostrarle su verdadera naturaleza. Pero Sémele deseaba ver a Zeus en todo su esplendor. Así que le pidió que la visitara en la misma forma en la cual se presentaba ante su divina esposa, Hera. Zeus accedió de mala gana a la petición y la visitó como truenos y rayos. Esto hizo que Sémele, quien abortó al hijo que había concebido de Zeus, muriera del susto. Este hijo prematuro tan solo había pasado seis meses en el vientre de Sémele. Zeus no quería perder al bebé. Así que tomó a Dionisio y lo plantó dentro de su muslo hasta que este tuviera fuerzas suficientes para nacer. A veces, se hace referencia a Dionisio como el dios nacido dos veces.

Zeus encomendó al niño a Hermes para su cuidado. El mensajero de los dioses puso al niño en brazos de la hermana de su madre, Ino, quien estaba casada con Atamente. Se dice que Hermes pidió a la pareja que criaran a Dionisio como a una niña, pero Hera, celosa por la traición de Zeus, volvió loca a la pareja y Zeus terminó rescatando al niño convirtiéndolo en oveja y enviándolo con las ninfas de Nisa. Otros dicen que Dionisio y su madre fueron encerrados en un cofre y lanzados al mar, y, al llegar a la costa, Ino los encontró. Ino y su gente le dieron sepultura a Sémele y el niño fue criado en un hogar seguro.

Fuera su historia la que fuera, algo es cierto, Dionisio fue quien descubrió las uvas y cómo hacer vino. También se dice que Hera causó un estado de locura en Dionisio como castigo por la frivolidad de Zeus con Sémele, y esta es la razón por la cual el dios deambuló por el mundo tantos años. Dionisio viajó a Egipto y Siria, luego a Frigia y Tracia. En eso momento, Tracia se encontraba en guerra con India y Dionisio luchó a favor de los Tracios.

Después, Dionisio fue a Tebas y ahí causó frenesí entre las mujeres. A los hombres de Tebas no les gustó esto e intentaron detenerlo. Dionisio se sintió deshonrado por esta conducta y ordenó a las mujeres atacar a los hombres. Ellas lo obedecieron, desmembrando a todos los hombres. Algo similar ocurrió en Argos cuando la gente no honró adecuadamente al dios; causó un frenesí en las mujeres y estas asesinaron a los hombres y niños en su delirio.

Dionisio quiso ir a Naxos y consiguió una nave que lo llevara. Pero la nave estaba bajo el mando de piratas que querían partir a Asia y vender al dios como esclavo. Dionisio descubrió esto, así que convirtió el mástil y los remos en serpientes, hizo crecer hiedra e inundó el navío con sonidos de flauta. Esto llevó a los piratas a la locura. Todos saltaron por la borda y Dionisio los convirtió en delfines. Eventualmente, el dios llegaría a Naxos, lugar donde encontraría a la bella Ariada durmiendo, a quien desposó, tal y como se cuenta en la historia del héroe Teseo.

Una vez acabados sus viajes, Dionisio siempre iba acompañado por multitudes de sátiros y muchachas jóvenes y salvajes conocidas como Ménades. Algunas personas dicen que antes de subir al Olimpo, Dionisio fue al Hades. Allí buscó a su madre. Cuando la encontró, le cambió el nombre a Tione, y la llevó consigo a la cima del Monte Olimpo.

Ares, Dios de la Guerra, y Afrodita, Diosa del Amor

Ares era hijo de Zeus y Hera. Un dios violento y cambiante, amaba las batallas y el asesinato y, en algunas ocasiones, cambiaba de bando durante los conflictos. Esto ocurrió durante la guerra entre Grecia y Troya, la cual empezó con la marcha de Helena. Cuando la guerra de Troya comenzó, Ares luchó del lado griego, pero la diosa Afrodita lo convenció de favorecer a los Troyanos, y así lo hizo.

Los guerreros y todos aquellos con excelentes capacidades de combate eran los favoritos de Ares, y a estos los bendecía con regalos. Como se cuenta en la historia del gran héroe Heracles, a Hipólita, le dio un cinturón; a Diomedes, caballos feroces y carnívoros.

Ares y la diosa Afrodita, nacida de la espuma marina, se amaban, pero no habían contraído matrimonio cuando Hefesto envió el trono maldito en el que Hera quedó atrapada. Se dice que Hera no pudo ser liberada por los esfuerzos de ningún dios del Olimpo y que Zeus prometió la mano de Afrodita a cualquiera que pudiera liberar a la Reina de los dioses. Afrodita accedió a ello, creyendo que un dios valiente y poderoso como Ares sería capaz de lograr tal hazaña. Pero nada de lo que Ares hizo tuvo efecto. Finalmente, Hefesto subió al Olimpo y liberó a Hera con facilidad.

Como había sido prometido, Hefesto recibió a Afrodita como esposa. Esto hizo a Afrodita infeliz. Ella no quería ser la esposa de un dios lisiado. Así que, un día, cuando Ares supo que Hefesto no estaba presente, él y Afrodita se fueron a la cama juntos. Pensaron que hacían el amor en secreto, pero Helios, dios del Sol, los descubrió y fue a contárselo a Hefesto. Hefesto se puso furioso. Fue a su forja y fabricó un juego de cadenas tejidas con una red fuerte para atrapar a los amantes. Durante su segundo encuentro, Hefesto entró al cuarto y lanzó la red sobre los amates. Estos quedaron atrapados sin escapatoria.

Hefesto llamó al resto de los dioses del Olimpo para que admiraran la vergüenza de los amantes. Todos acudieron y se burlaron de Ares y Afrodita, todos menos Poseidón, quien pidió a Hefesto que liberara a los cautivos, alegando que Ares pagaría cualquier precio que fuera necesario para enmendar el agravio. Hefesto se rió de esto diciendo "Ares de no es de confianza, como puedes ver. Dudo que tenga el honor de pagar su deuda".

Pero Poseidón insistió. Dijo que Ares pagaría su deuda y, de no hacerlo, pues el mismo dios de los mares lo haría en su lugar. Así, Hefesto los liberó. Ares y Afrodita huyeron a continuar sus amoríos en la isla de Chipre, lugar donde la diosa puso sus pies sobre la tierra por primera vez.

Ares y Afrodita tuvieron una hija llamada Harmonía, quien se convertiría en la esposa de Cadmo, rey de Iliria. Cuando los ilirianos se fueron a la guerra, Ares luchó en su bando acompañado por su hija, Harmonía.

Ares nunca iba a la guerra solo. Sus aurigas Deimos (terror) y Fobos (miedo), siempre lo acompañaban. Se dice que ellos también eran hijos de su unión con Afrodita. Se suele decir que la diosa Eris (discordia), hija de la Noche, es hermana de Ares. Ella también lo acompañaba en sus batallas, aumentado el sufrimiento y el odio entre los humanos.

Afrodita, la amada del dios de la guerra, era la diosa del amor, pero, como todos los Olímpicos podía ser cruel si era irrespetada. Se dice que esto ocurrió cuando el encantador Adonis nació. El Rey Tías de Asiria tenía una hija llama Esmirna, quien se negaba a honrar a Afrodita. Como castigo, Afrodita hizo que Esmirna deseara a su padre. Esmirna engañó a su padre para compartir su lecho durante doce noches seguidas. Cuando Tías descubrió el engaño, se sintió furioso y avergonzado. Pidió a los dioses que castigaran a su hija por sus actos y estos cumplieron su plegaria convirtiendo a su hija en un árbol de mirra. Lo cual es un castigo adecuado, ya que Esmirna significa "mirra".

Pero Esmirna estaba embarazada antes de ser convertida en árbol y, a los nueve meses, el árbol se abrió y un bebé hermoso nació, cuyo nombre era Adonis. Afrodita llevó al infante con Perséfone pensando que podría reclamarlo cuando fuera mayor, pero Perséfone amaba tanto a Adonis que se negó a devolverlo a Afrodita. Ambas diosas llevaron su disputa ante Zeus para que el Rey del Olimpo decidiera qué hacer. Zeus declaró que Adonis pasaría parte del año con Perséfone, otra parte con Afrodita y otra parte por su cuenta. Adonis pereció durante un viaje de cacería al ser corneado por un jabalí. Se dice que esto fue obra de Ares, quien estaba celoso del amor que Afrodita sentía por el joven; otros, que esto fue un castigo de Artemisa porque Adonis era buen cazador.

La Historia de Deméter y Perséfone

Perséfone era la hija de Deméter, diosa de las cosechas, y su padre era Zeus. Perséfone era hermosa y muchos dioses la deseaban. Apolo pidió su mano, al igual que Hermes, pero Deméter los rechazó y se llevó a su hija lejos del alcance de los dioses.

Perséfone amaba las plantas, en especial las flores. Un día, estaba recogiendo flores con sus doncellas. Los narcisos blancos eran sus favoritos por sus hermosas y delicadas flores, y su esencia dulce y espesa. Ella encontró un lugar con narcisos abundantes en el medio de una pradera y se sentó allí a admirar su belleza.

Hades, señor del Inframundo, también deseaba cortejar a Perséfone, pero Deméter lo había mantenido a raya. Hades sabía de la predilección de Perséfone por los narcisos, razón por la cual los había hecho crecer en esa pradera y en ese lugar específico, para atraerla. Mientras Perséfone estaba sentada entre las flores, Hades saltó a su carruaje tirado por finos caballos negros. Con un estruendo, salió del Inframundo y capturó a Perséfone. Sin prestar atención a sus gritos, Hades condujo su carruaje de regreso a la tierra de los muertos para convertir a Perséfone en su esposa.

Cuando Deméter no encontró a su hija, la buscó por toda la tierra. Estaba tan afligida por su pérdida que descuidó la tierra. Los cultivos dejaron de crecer y los árboles no dieron frutos. Los humanos y animales fueron azotados por un tiempo difícil, frío y desolado.

La gente suplicó ayuda al gran Zeus. Morían de hambre. Incluso los otros dioses y diosas pidieron su intervención, la tierra se había convertido en un lugar inhospitable y sus seguidores y fieles estaban muy enfermos y débiles para ofrecer sacrificios. Zeus ordenó a Hades devolver a Perséfone. El dios de los muertos cedió a la voluntad del todopoderoso Zeus. Dejó ir a Perséfone cuando Hermes fue a buscarla para devolverla a la tierra de los vivos. Pero Hades le jugó un truco a Perséfone haciéndole comer tres semillas de granada. Por haber comido la comida de los muertos en la tierra de los muertos, estaba condenada a pasar parte del año en ese lugar. Cuando Perséfone y su madre se reunieron, los cultivos volvieron a crecer, las plantas y árboles florecieron, y la tierra volvió a ser cálida y fértil. Pero cada año durante tres meses, Perséfone debe regresar al

Inframundo, un año por cada semilla de granada. Estos son los tres meses del invierno. Durante este tiempo, Deméter, triste, espera a su hija y la tierra se vuelve fría y dura por un tiempo.

Parte III

Semidioses, Héroes y Monstruos

La Historia de Perseo

Acrisio, rey de Argos, tenía una hermosa hija llamada Dánae. Pero, por más que lo intentara, no podía tener un heredero varón. Acrisio acudió a un oráculo para saber qué debía hacer para engendrar un heredero, pero este le respondió que su hija tendría un hijo que estaría destinado a matarlo. Por esta razón, Acrisio capturó y encerró a su hija. Pensaba que esto sería suficiente para que no se casara ni tuviera hijos. Pero Zeus había visto a Dánae y la deseaba. Una noche, Dánae fue visitada por el rey de los dioses en forma de una ducha de oro. Dánae quedó encinta y pronto tuvo a un hijo varón, fuerte y sano. A este niño lo nombró "Perseo".

Cuando Acrisio se enteró de esto, buscó la forma de deshacerse de madre e hijo. Encerró a ambos en un cofre y lo arrojó al mar. Pero el cofre no se hundió y flotó hasta llegar a las costas de Sérifos, donde un hombre llamado Dictis lo encontró. Lo abrió y liberó a Dánae y a Perseo. Dictis condujo a madre e hijo a su hogar y crió al niño como si fuera suyo. El tiempo pasó y Perseo se convirtió en un hombre de buena figura.

Polidectes, rey de Séfiros y hermano de Dictis, deseaba a Dánae, pero no se atrevía a cortejarla debido a que Perseo la protegía. Así que Polidectes planeó librarse de Perseo y poder tener a su madre. Primero, decidió organizar una fiesta para recolectar regalos en honor a la boda de la hija de su amigo. Todos los invitados debían traer caballos como regalo, pero Perseo no tenía caballos que ofrecer. Polidectes estaba al tanto de esto, pero sabía que Perseo era honorable, valiente y fuerte, virtudes que podían usarse en su contra.

Al llegar a la fiesta, Perseo se disculpó por no tener caballos que ofrecer. Pero no quería deshonrar al anfitrión ni a la pareja próxima a casarse, así que le dijo a Polidectes, "Nombra un obsequio y yo lo traeré para ti".

Polidectes esperaba este momento. Ahora podía deshacerse de Perseo de una vez por todas. Le dijo a Perseo que debía traer la cabeza de Medusa, un monstruo que otrora había sido una bella mujer hasta que Poseidón la violó en el templo de Atenea. Como castigo por profanar el templo, Atenea convirtió a Medusa en una Gorgona, un ser tan horrible que convertía en piedra a cualquier persona que se atreviera a mirarle directamente. Tras su transformación, Medusa fue enviada a una isla en el mar Etiopio con las otras Gorgonas, quienes eran las hijas de los Titanes Ceto y Forcis.

Antes de comenzar la travesía, Atenea se mostró ante Perseo para decirle que primero debía visitar a las Hespérides. Estas eran ninfas que vivían en el extremo occidental del mundo, donde cuidaban un jardín fantástico con un árbol de manzanas doradas, el cual había sido un presente de bodas de Zeus para Hera. Atenea le dijo que las Hespérides lo ayudarían a derrotar a Medusa.

Primero, Perseo debía encontrar la manera de llegar al jardín, así que fue en busca de las Grayas. Estas eran hermanas de las Gorgonas, tres ancianas de aspecto espantoso que compartían un solo ojo entre ellas. Perseo llegó a su cueva. Vio cómo las mujeres luchaban por el ojo estableciendo turnos para ver. Perseo se ocultó en un rincón oscuro y cuando el ojo era pasado de una bruja a otra, saltó y lo capturó. Las Grayas se quejaron y gritaron a Perseo, pero este se mantuvo firme. Solo les devolvería el ojo cuando le llevaran al jardín de las Hespérides. Finalmente, las mujeres cedieron e hicieron lo que Perseo ordenó. Al llegar al jardín, él les volvió a dar el ojo como había prometido.

Perseo recibió muchos regalos que lo ayudarían en su misión. De las Hespérides, recibió un zurrón para guardar la cabeza de Medusa; de Zeus, una espada de adamanto; de Hades, su casco de invisibilidad; de Hermes, sandalias aladas para poder volar. Finalmente, Atenea le obsequió con un escudo pulido.

Pronto, Perseo llegaría a la isla de las Gorgonas. Aquí encontró muchas estatuas, pero estos eran los restos de los héroes que habían fallado tratando de matar a Medusa. Perseo usó su escudo como espejo para guiarse hasta la cueva de las Gogonas, porque la única forma segura de ver a Medusa era a través de su reflejo. Así, pudo ver que las Gorgonas dormían dentro de la cueva. Como un relámpago, Perseo entró a la cueva, tomó su espada de adamanto y cortó la cabeza de Medusa. Con los cabellos de serpiente todavía retorciéndose, Perseo colocó la cabeza dentro del zurrón. Del cuello sangrante de la cabeza nacieron Pegaso, un caballo alado, y Criasor, un hombre joven y bello. Estos eran los hijos engendrados por Poseidón. Cuando las Gorgonas se dieron cuenta de lo ocurrido, trataron de atrapar a Perseo, pero no pudieron encontrarlo debido al casco de invisibilidad obsequiado por Hades.

Perseo luego se dirigió a Etiopía, reino del Rey Cefeo y la Reina Casiopea. La reina se jactaba de decir que su hija, la bella Andrómeda, era más hermosa que la más bella de las Nereidas, las ninfas del mar. Esto enfureció a Poseidón, ya que su esposa, Amfítrite, era una Nereida. Por esta razón, Poseidón ordenó una gran inundación y mandó a una serpiente marina para destruir este reino. Cefeo acudió al Oráculo de Amón para pedir consejo. El oráculo le dijo que las hostilidades cesarían si él y su esposa ofrecían a su hija como sacrificio a la serpiente. Cefeo y Casiopea estaban horrorizados, pero el oráculo no tenía más consejos. El sacrificio de Andrómeda era la única manera. Cefeo y Casiopea llevaron a Andrómeda a la costa y la encadenaron a una roca. Con lágrimas en sus ojos, se despidieron de su hija, dejándola afrontar su destino.

Al volar cerca de la costa de Etiopía con sus sandalias aladas, Perseo encontró a la bella Andrómeda encadenada a una roca. Perseo aterrizó cerca de ella y le preguntó qué ocurría. Ella le explicó que estaba ahí como un sacrificio a Poseidón. De esta manera, salvaría a las personas, sus animales y todo el reino. Perseo miró a Andrómeda con amor y compasión. Le dijo que salvaría a los etiopios y a ella del monstruo. Le instruyó que, al aparecer la serpiente, debía cerrar sus ojos y no abrirlos sin importar qué ocurriera. Andrómeda prometió hacer caso.

Perseo se ocultó detrás de la roca. Pronto, el agua enturbió y las olas crecieron; el monstruo se acercaba. Perseo permaneció firme. Esperó hasta el último momento. Justo cuando el monstruo estaba tan cerca que podía atrapar a Andrómeda en sus fauces, Perseo voló con sus sandalias y se colocó en medio de ambos. Metió la mano en el zurrón y sacó la cabeza de Medusa. Mostró la cabeza a la serpiente, teniendo cuidado de no mirarla él. Esta, siendo solo una bestia, no tenía conocimiento de su poder y la miró. Aunque Medusa estaba muerta, su fealdad era tal que todavía podía convertir todo aquello que la mirara en piedra, y la serpiente no fue un caso diferente. El monstruo se estremeció una última vez y, con una gran salpicada, se hundió hasta el fondo del mar como una masa de roca con forma de serpiente.

Perseo liberó a Andrómeda y la llevó de regreso a sus padres. Estos estaban desconcertados y jubilosos. Andrómeda les explicó la hazaña de Perseo y, en agradecimiento, los reyes le ofrecieron a este la mano de Andrómeda en matrimonio. Perseo aceptó y, al poco tiempo, ambos se casaron. Perseo y Andrómeda regresaron a Argos como esposa y esposo.

Pero Perseo tenía otra labor que cumplir antes de establecerse en Argos. Regresó a Séfiros, donde descubrió que Polidectes seguía persiguiendo a su madre. Perseo juró que esto se acabaría pronto. Por esta razón, fue a la sala del trono y dijo a Polidectes, "¡He aquí el regalo prometido!"

Entonces, Perseo sacó la cabeza de Medusa del zurrón y la enseñó a Polidectes, quien se convirtió en piedra. Como agradecimiento por su hospitalidad a su madre y a sí mismo, Perseo le entregó el trono de Séfiros a Dictis. Cuando todo terminó, Perseo regresó a Argos.

Acrisio se enteró de que Perseo regresaba a Argos. El rey, todavía paranoico por la profecía que nombraba al hijo de Dánae como su asesino, exilió a Tesalia. Pero esto no salvó al pobre y avaricioso Acrisio. Él decidió asistir a los juegos funerarios en honor al padre del rey de Tesalia. Para su mala fortuna, Perseo estaba entre los jugadores que competían lanzando el disco. Cuando llegó el turno de Perseo, este lanzó el disco con tanta fuerza que el mismo se desvío de su camino y golpeó a Acrisio en la cabeza, quitándole la vida en un instante. Así, se cumplió la profecía.

Aunque Perseo era el heredero al trono, este no quería convertirse en rey tras haber asesinado al monarca anterior. Por ello, cedió su derecho al trono a Megapentes, hijo de Preto, hermano de Acrisio. A cambio, Megapentes le cedió el trono de Tirinto. Además, Megapentes renunció a todo derecho de tomar venganza por la muerte de su tío.

Cuando realizó todas sus hazañas y su trono era seguro, Perseo, agradecido, devolvió todos los objetos mágicos a sus legítimos dueños. Además, obsequió la cabeza de Medusa a Atenea, quien la recibió y fijó a la égida de Zeus, la cual cargaba con ella la mayoría del tiempo.

Perseo y Andrómeda reinaron bien y con sabiduría durante el resto de sus días, y al morir, Atenea los colocó en los cielos como constelaciones junto a Cefeo, Casiopea, y Pegaso, el gran caballo alado de los dioses.

La égida de Zeus es descrita con frecuencia como una manta o chal. Muchas representaciones de Atenea la muestran utilizando esto, con la cabeza de Medusa como un detalle prominente. Hoy en día, la frase "bajo la égida" se utiliza para denotar protección o legitimidad. Esto se debe a que la égida de Zeus era un símbolo de poder real, con el cual era investida Atenea al usarla.

Heracles

Alcmena era una simple mortal casada con un hombre llamado Anfitrión. Mientras su esposo se encontraba luchando en la guerra, Zeus visitó a Alcmena para hacerle el amor. Zeus tomó la forma de Anfitrión y fue al lecho de Alcmena, quien no se dio cuenta de que este era un dios y no su esposo. Alcmena quedó encinta.

Más tarde ese día, el verdadero Anfitrión regresó de la guerra y también buscó la compañía de su mujer, a quien no había visto en un buen tiempo, en la cama. Alcmena, lo recibió con brazos abiertos y esa noche engendraron otro hijo.

Hera, reina de los dioses, sabía que Zeus le había sido infiel con Alcmena. La diosa estaba celosa del niño engendrado por su esposo en una mortal. Pensando en la manera de causarle desgracia a ambos, al niño y a Zeus, cuando Alcmena comenzó sus labores de parto, Hera hizo un trato con Zeus. El primer hijo nacido de la Casa de Perseo se convertiría en un Gran Rey entre los griegos. Zeus aceptó, y Hera planeó retrasar el nacimiento de los gemelos de Alcmena. A su vez, aceleró el nacimiento de Euristeo, hijo de Esténelo, quien se convirtió en rey al crecer.

Alcmena llamó Heracles al hijo de Zeus, pensando que al nombrar al niño en honor a Hera, la diosa sería apaciguada. El otro gemelo fue llamado Ificles, cuyo hijo Yolao se convertiría en auriga del gran héroe Heracles.

Pero Alcmena sospechaba que darle este nombre al bebé en honor a Hera no sería suficiente para apaciguar a la diosa, así que llevó a Heracles a un acantilado y lo mostró al cielo como señal de rechazo a este hijo de Zeus. La amable Atenea, de ojos grises, vio al bebé, y reconoció a su medio hermano, quien estaba destinado a convertirse en un gran héroe. Atenea, protectora de los héroes, llevó al bebé al Olimpo y lo presentó a Hera, que no lo reconoció. Hera arrulló al infante, jugó con él y lo amamantó, pero Heracles era muy fuerte y la lastimaba. Hera empujó al bebé lejos y un chorro de leche salió de su pecho. La leche viajó lejos en los cielos y se convirtió en lo que hoy en día conocemos como la Vía Láctea. Pero la leche hizo más que eso, dándole a Heracles fuerza, habilidad y estrategia sobre humanos.

Después de que Hera rechazara al bebé, Atenea lo devolvió a sus padres. Pero los planes de Hera de acabar con el infante no habían terminado. Cuando Heracles y su hermano seguían siendo niños, Hera envió serpientes venenosas a su cuna. Iflices lloró de pavor, pero Heracles atrapó a las víboras y las estranguló. Cuando la nodriza fue a revisar a los niños, encontró a Heracles agitando los cuerpos de las serpientes como si fueran sonajeros.

Anfitrión estaba tan sorprendido por lo que su hijo adoptivo había hecho que pidió que el oráculo ciego, Tiresias, fuera traído ante él para saber cuál era el destino de Heracles. Tiresias, el gran y sabio profeta, predijo que Heracles se convertiría en un héroe y acabaría con varios monstruos.

Para asegurarse de que el joven Heracles tuviera una educación adecuada, Anfitrión contrató a un tutor llamado Lino para que fuera su maestro. Lino era un músico y poeta famoso por la calidad de sus canciones y versos. Pero Heracles no era un buen estudiante. No tenía interés en la música o la poesía. Un día, frustrado por la manera en que Lino le regañaba por tocar mal la lira, terminó arrojando la misma directamente a la cabeza de su mentor, asesinándolo. Heracles fue acusado de homicidio, pero se libró de los cargos al alegar que este acto había sido en defensa propia. Después de esto, Anfitrión se dio cuenta de que era muy peligroso mantener a Heracles en su reino, así que lo envió al campo para cuidar del ganado.

Finalmente, Heracles decidió que era el momento de buscar su camino en el mundo. Pero, antes de emprender su viaje, recibió arco y flechas de Apolo; de Hermes, una espada; de Hefesto, una armadura; y de Atenea, una túnica. Además, se hizo un gran garrote de madera. Por fin preparado, Heracles emprendió un viaje a la ciudad de Tebas, donde descubrió lo injusto de los tributos cobrados por Ergino, rey de Minias, a los tebanos. Heracles consideraba que esto era abusivo, así que esperó a que los cobradores aparecieran. Al llegar, estos fueron atacados por Heracles. Heracles cortó sus orejas, narices y manos, y las ató a los cuellos de los emisarios, luego los envió de regreso al rey con un mensaje: "Díganle a Ergino que ese es todo el tributo que recibirá".

Esto enfureció a Ergino. El rey comandó a sus tropas hacia Tebas, pero Heracles ayudó a los tebanos a equipar y entrenar a sus soldados. Cuando la batalla comenzó, Heracles luchó contra los minios. Ergino y sus tropas fueron derrotados, y como recompensa, Creonte, rey de Tebas, dio la mano de su hija, Megara, a Heracles.

Heracles y Megara disfrutaron de un matrimonio feliz durante varios años. Juntos tuvieron dos hijos, una niña y un niño. Pero Hera todavía tenía asuntos pendientes con Heracles. Hizo enloquecer al héroe de manera que terminó asesinando a su esposa e hijos. Esta locura no era permanente y, al volver en sí, Heracles estaba devastado. Determinado a enmendar sus crímenes, buscó al Oráculo de Delfos para averiguar cómo hacer penitencia. El Oráculo le dijo que lo mejor que podía hacer era ponerse al servicio de la corte de su primo, Euristeo, rey de Tirinto. Allí, Heracles tendría que realizar diez labores encomendadas por el rey, y si conseguía hacerlas todas, se volvería inmortal. Aunque a Heracles no le gustaba la idea de convertirse en sirviente de Euristeo. Su primo era cobarde y débil, y se había convertido en rey en lugar de Heracles por un truco de Hera. Pero Heracles sabía que era peligroso no seguir el consejo del oráculo.

Cuando Heracles se presentó ante la corte de Euristeo jurando servirle en diez trabajos, el rey no podía creer su suerte. Ahora, no solo tenía la oportunidad de humillarlo, sino de deshacerse de él sin hacer el trabajo sucio. Así, Euristeo pensó cuáles serían las tareas más peligrosas que podía asignarle a Heracles.

El Primer Trabajo: El León de Nemea

El primer trabajo fue acabar con el León de Nemea. El León había estado aterrorizando los campos, secuestrando doncellas, y cuando los guerreros se disponían a salvarlas, matándolos y comiéndoselos. Nadie había sido capaz de derrotarlo porque su piel era impenetrable. Ninguna espada o flecha hecha por los mortales podía dañarla, y las garras del león eran tan afiladas que podían cortar cualquier armadura.

Heracles llegó a Nemea en busca del León. Pronto, se encontraría frente a frente con la bestia. El León acechó a Heracles, acercándose cada vez más; al no saber qué hacer contra la piel del animal, Heracles disparó flechas que terminaron rebotando sin dañar al León. El animal atacó. Heracles tomó su garrote e invistió contra la fiera. Su golpe no fue suficiente para acabar con la bestia, pero a esta no le gustó este ataque, así que huyó a su cueva. Este escondite tenía dos salidas, Heracles selló una y entró por la otra a buscar a su presa.

Heracles entró con cautela a la cueva. Mantuvo su garrote en alto, esperando el ataque del León. En un instante, el animal salió disparado de la oscuridad en dirección a Heracles. Heracles golpeó a la bestia con fuerza, justo en la cabeza, aturdiéndola. Luego, soltó sus armas y corrió hacia el animal mareado. Lo tomó por el cuello y lo estranguló hasta que el León dejó de respirar.

Al mirar el cuerpo sin vida del León, Heracles pensó, "la piel de esta bestia puede parar cualquier arma. Apuesto a que sería la mejor armadura".

Así que sacó su cuchillo, pero, a pesar de que trataba de desollar al animal continuamente, la piel era muy dura como para ser extirpada. Frustrado, Heracles casi se rinde, pero Atenea apareció ante él y le dijo, "usa una de sus garras para desollarlo".

Heracles dio las gracias a la diosa y siguió su consejo. En poco tiempo, había desollado al León y logrado mantener la piel en una pieza. Heracles puso la cabeza del León sobre su casco, con la melena dorada cayendo sobre sus hombros, y usó la piel de las patas delanteras para atar la piel a su cuello, manteniendo las temibles garras a los extremos.

Tras completar la primera labor, Heracles regresó a la corte de Euristeo, vistiendo orgullosamente la piel del León. Entró a la sala del trono diciendo, "¿Lo ves, primo? He completado el primer trabajo. Voy vestido con la piel del León de Nemea".

Pero tan cobarde era Euristeo que, al ver la piel del león, saltó dentro de una urna cercana. Además, ordenó a Heracles nunca traer evidencia de sus logros dentro de los muros de la ciudad y no acercarse jamás a los precintos de la corte. En vez de eso, debía esperar fuera de la ciudad por orden de Euristeo.

Segundo Trabajo: La Hidra de Lerna

La segunda labor encomendada a Heracles fue exterminar a la Hidra de Lerna. La Hidra era un monstruo aterrador, nacido de Tifón y Equidna, criado por Hera con el fin de asesinar a Heracles. Esta habitante de los pantanos contaba con nueve cabezas, una de las cuales era inmortal, y su aliento y sangre eran venenosos. Acompañado por su sobrino, Yolao, Heracles se adentró en los pantanos cubriendo con tela su boca y nariz para evitar el vaho de la Hidra.

Al llegar a la guarida de la Hidra, Heracles disparó una flecha llameante al agua. Cuando la Hidra se incorporó para atacar, Heracles tomó su espada y, con un fuerte golpe, cortó una de sus cabezas. Pero al cortar una cabeza, dos más crecían en su lugar. Heracles siguió intentando lo mismo, sin obtener mejores resultados.

Heracles pidió ayuda a Yolao. Este enseguida fue a encender fuego y regresó con una antorcha en sus manos y dijo, "tío, corta las cabezas del monstruo, y yo cauterizaré las heridas".

Trabajando juntos, Heracles y Yolao atacaron una cabeza tras otra, Heracles cortando ferozmente con su espada y Yolao sellando las heridas con la antorcha, para que las cabezas no volvieran a crecer. Pero justo cuando se preparaban para atacar la última cabeza, la inmortal, Hera envió un cangrejo gigante para distraer a Heracles. El cangrejo hundió sus tenazas en los talones de Heracles, pero el héroe no le prestó mucha atención, aplastándolo enseguida. Luego, cortó la última cabeza. La Hidra estaba muerta. Heracles tomó la última cabeza, la inmortal, que todavía estaba viva, y la colocó debajo de una roca enorme. Además, bañó la punta de sus flechas en la sangre venenosa del monstruo. Enojada porque el héroe había acabado con dos de sus mascotas, Hera colocó ambas criaturas en los cielos como las constelaciones de Hidra y Cáncer.

Heracles y Yolao regresaron con las noticias de su triunfo a Euristeo. Decepcionado con el triunfo de su primo y, aún peor, viendo que todavía seguía vivo, Euristeo le advirtió que los trabajos serían más difíciles de ahora en adelante. Además, añadió que acabar con la Hidra no contaría como uno de los diez trabajos debido a que Heracles había tenido la ayuda de Yolao.

El Tercer Trabajo: La Cierva de Cerinea

Lo siguiente que el rey miserable demandó a Heracles fue capturar a la Cierva de Cirnea, un venado de astas doradas capaz de ganarle a una flecha en movimiento. La Cierva no era peligrosa, como el León o la Hidra, pero era un animal sagrado para la diosa Artemisa. Era probable que capturar a la Cierva despertara la ira de la diosa de la caza. Al menos, eso esperaba Euristeo.

Heracles le dio caza a la Cierva. La buscó por todos lados sin éxito hasta que, una mañana, mientras despertaba, vio un rayo de luz atravesar la pradera. Este era el brillo de la cornamenta de la Cierva. Con celeridad, Heracles corrió hacia la Cierva, pero esta era demasiado rápida incluso para él. La persiguió por toda Grecia, corrió tras ella por Tracia, la Cierva lo eludió en Istria y la tierra de los Hiperbóreos. Heracles persiguió a la Cierva durante todo un año sin ser capaz de acercarse a ella lo suficiente.

Finalmente, la Cierva se cansó y se echó a dormir. Heracles aprovechó la oportunidad para tejer una red fina. La lanzó sobre el animal dormido y al fin pudo capturarlo. Puso una correa en el cuello de la Cierva y empezó su camino de regreso a la corte de Euristeo. Pero Heracles sabía que este animal era sagrado para Artemisa, así que en cuanto estuvo cerca de uno de sus templos, entró y le rezó a la diosa explicándole el motivo detrás de la captura de la cierva y que era parte de su penitencia asignada por el Oráculo de Delfos. Prometió liberar al animal en cuanto le mostrara a Euristeo que el trabajo estaba hecho. Artemisa se mostró ante Heracles y escuchó su plegaria. La diosa aceptó los términos de la captura, siempre y cuando la Cierva fuera liberada inmediatamente después de mostrarla. Heracles dio las gracias a la diosa y siguió su camino a Tirinto.

Al llegar, llamó a Euristeo para que pudiera ver a la Cierva maravillosa. Euristeo miró al animal y al héroe desde lo alto de sus murallas y dijo, "Trae a la Cierva dentro de la ciudad y ponla en mi casa de fieras con los otros animales".

Pero Heracles sabía que no podía hacer eso. Había hecho una promesa a la diosa Artemisa. Así que, soltó la correa del cuello de la Cierva, y esta se marchó con premura. Heracles gritó a Euristeo "si quieres este animal para tu zoológico, tendrás que capturarlo tú mismo".

El Cuarto Trabajo: El Jabalí de Erimanto

Euristeo estaba furioso con Heracles por su éxito en los trabajos anteriores y por liberar a la Cierva. Por lo tanto, pensó en cuál podía ser la próxima labor. Poco después, había enviado a Heracles a su aventura más peligrosa hasta el momento: capturar al Jabalí de Erimanto y traerlo con vida a Tirinto. Este jabalí no era una bestia ordinaria. Era grande, terrorífico, antiguo y contaba con colmillos tan largos y afilados como espadas. Ningún cazador que hubiera intentado capturar el Jabalí había vivido para contarlo. Euristeo estaba seguro de que este sería el final del héroe.

Equipado con su piel de león y sus armas, Heracles se dirigió al Monte Erimanto, hogar de muchas bestias salvajes, incluido el Jabalí. En el camino, se detuvo para visitar al centauro Folo, quien era un viejo amigo suyo. Folo le ofreció comida, pero cuando Heracles le pidió vino, se negó al principio. Folo tenía una sola tinaja, y esta era un regalo del mismísimo Dionisio y, si la destapaba, el aroma atraería a otros centauros. Heracles convenció a Folo de servir el vino, y en poco tiempo, los centauros en las proximidades se acercaron a pedir un trago. Pero se olvidaron de diluir el vino y, pronto, muchos de ellos terminaron ebrios.

Un centauro ebrio es un centauro peligroso, y estos no tardaron en atacar a Heracles. El héroe no quería lastimar a los amigos de Folo, pero no tuvo otra opción. Usó sus flechas envenenadas contra ellos. Los que fueron heridos por las flechas cayeron al instante, mientras los otros escaparon y se refugiaron en la cueva de Quirón, el más grande de los centauros.

Mientras Heracles disparaba contra los centauros que iban de retirada, una de sus flechas llegó a la cueva e hirió a Quirón, quien no había estado en la fiesta ni había atacado al héroe. Esto devastó a Heracles. Retiró la flecha que había herido a Quirón y aplicó medicina a la herida, pero fue inútil. Se dice que Quirón murió al poco tiempo; otros dicen que era inmortal, pero que el dolor provocado por el veneno era tal que ofreció su inmortalidad a cambio de la libertad de Prometeo, y que Heracles liberó al Titán después de esto.

Folo no entendía cómo Heracles había sido capaz de acabar con tantos centauros en tan poco tiempo, así que levantó una de las flechas envenenadas. Pero no fue cuidadoso y terminó hiriéndose con la flecha, muriendo envenenado.

Cuando Heracles se libró de los centauros enloquecidos, continuó con la caza del Jabalí. Lo encontró al pie de la montaña, pero el animal lo eludió. Heracles lo persiguió durante varios días. Fue incapaz de capturarlo hasta que lo condujo a un banco de nieve. El Jabalí quedó atrapado en la nieve y Heracles pudo lanzarle una red. Heracles montó al Jabalí en sus fuertes hombros y marchó triunfante de regreso a Tirinto. Al llegar, gritó a Euristeo para que se asomara a ver su captura. Euristeo fue hasta la muralla y miró al Jabalí. La bestia era tan aterradora que Euristeo salió corriendo a esconderse.

El Quinto Trabajo: Los Establos de Augías

Augías era un rey con mucho ganado. Tenía tantos animales que era imposible mantener sus establos limpios. Euristeo pensó que quizá no podía derrotar al héroe haciendo que se enfrentara a monstruos, pero asignándole una tarea tan baja como limpiar montañas de excremento.

Heracles se dirigió a Élida, el reino de Augías. Sin mencionar que estaba allí bajo las órdenes de Euristeo, Heracles le dijo al rey, "Si logro limpiar los establos en un solo día, me pagarás con una parte de tu ganado".

Augías se sorprendió de que alguien quisiera limpiar los establos, aún más de que se jactara de poder hacerlo en un día, así que aceptó la oferta de Heracles. Heracles llevó a los animales al campo. Luego, desvió el cauce de dos ríos, el Alfeo y el Peneo. El gran flujo de agua limpió los establos sin dificultad. Cuando esto estuvo hecho, Heracles devolvió las aguas a sus cauces.

Augías estaba sorprendido. Pero, al enterarse de que Heracles había hecho esto bajo las órdenes de Euristeo, se negó a pagarle. El asunto se llevó a juicio. Filos, hijo de Augías, alegó que su padre había llegado a un acuerdo con Heracles y debía cumplir su parte, pero el rey se negó otra vez, forzando a Heracles y a Filos a irse de sus tierras. Eventualmente, Heracles comenzó una guerra contra Augías para cobrar su trabajo. Tras derrotar a sus fuerzas, asesinar al rey y saquear la ciudad, Heracles puso al honesto Filos en el trono. Como gratitud por su victoria, Heracles participó en los juegos Olímpicos en Élida, donde fundó doce altares para honrar a los dioses inmortales.

Heracles regresó a Tirinto para informarle a Euristeo de que esta labor había sido completada. Pero el rey ya se había enterado de que Heracles había llevado a cabo este trabajo esperando recompensa, así que Euristeo declaró que este trabajo tampoco contaría dentro de los diez que Heracles debía realizar.

El Sexto Trabajo: Los Pájaros de Estínfalo

Muchos pájaros habían construido sus nidos en el bosque que existía en las orillas del lago Estínfalo. Estas no eran aves ordinarias. Si algún humano se acercaba al bosque, los pájaros lo atacarían y devorarían en el acto. Los habitantes de las proximidades del bosque vivían aterrorizados por los pájaros carnívoros. Euristeo había decidido que liberar a esta población de esos pájaros sería la siguiente labor de Heracles.

Entonces, Heracles llegó al lago Estínfalo. Para él, los pájaros no representaban un problema. No había forma de que estos fueran capaces de perforar su piel de león. Pero deshacerse de ellos era algo completamente distinto. Mientras Heracles pensaba cómo hacerlo, la diosa Atenea apareció ante él. Esta le entregó un cascabel de bronce fabricado por el habilidoso Hefesto, y esto era lo que Heracles necesitaba para comenzar su trabajo.

Heracles sacudió el cascabel para crear un sonido estruendoso y asustar a los pájaros. Mientras los pájaros volaban, Heracles puso la sonaja en el suelo y tomó su arco. Con gran precisión, derribó a los pájaros del cielo. Heracles fue por todo el bosque repitiendo el proceso, acabando con las aves, una a una. Pronto, todos los pájaros murieron y la gente del lago fue liberada de esta amenaza.

El Séptimo Trabajo: El Toro de Creta

Asterio, rey de Creta, había muerto sin un heredero y Minos deseaba ascender al trono. Para convencer a la gente de su derecho al mismo, Minos alardeó de tener el favor de los dioses y que estos le concederían cualquier cosa que pidiera. Así, Minos hizo un sacrificio a Poseidón y pidió que un toro enorme viniera de los mares, prometiéndole al dios sacrificar al animal una vez apareciera en tierra firme. Poseidón escuchó la plegaria y envió un toro hermoso y de gran tamaño. La gente de Creta vio que Minos sí contaba con el favor de los dioses y lo convirtieron en su rey. Pero Minos no cumplió su promesa a Poseidón. El toro era demasiado bello como para ser sacrificado. Entonces, Minos puso al animal en su rebaño y sacrificó otros en su lugar.

Esto enfureció a Poseidón. El dios maldijo a Pasífae, la esposa de Minos, con una lujuria incontrolable por el toro. Ella fue ante Dédalo, el constructor ingenioso, y le pidió que le hiciera una estatua hueca en forma de vaca que fuera tan bella que el toro de Poseidón no pudiera resistirse. Pronto, el toro montó a lo que creía era una vaca, pero, en realidad, copuló con Pasífae. La esposa de Minos quedó embarazada del toro. Su hijo tenía la cabeza de un toro y el cuerpo de un hombre, y fue llamado el Minotauro. Minos aprisionó a la criatura en el laberinto construido por Dédalo, lugar donde vivió hasta que fue asesinado por el héroe Teseo, cuya historia será contada más adelante.

Euristeo había decidido que capturar al toro de Creta sería la siguiente labor de Heracles, porque Poseidón había hecho al animal indomable como venganza por la ofensa de Minos. Heracles llegó a Creta y explicó al rey Minos lo que quería. Minos dijo que Heracles era bienvenido, pero que debía atrapar al toro por su cuenta. Ni Minos, ni sus hombres ayudarían al héroe debido a la ferocidad del animal.

En poco tiempo, Heracles había capturado al toro y regresado a Tirinto. El animal era muy peligroso para el zoológico de Euristeo, así que Heracles lo dejó en libertad. Este deambuló por Esparta y Arcadia hasta llegar a Maratón, donde devastó los campos hasta que Teseo lo mató.

El Octavo Trabajo: Las Yeguas de Diomedes

Estas yeguas fueron un regalo de Ares, el dios de la guerra, para el rey Diomedes. Estas eran feroces y se negaban a comer pasto y granos como otros caballos. En lugar de eso, se les había enseñado a comer carne humana. Al enterarse de esto, Euristeo decidió que si los monstruos y un león come hombres no habían sido capaces de acabar con el héroe, quizá yeguas carnívoras podrían concluir con el trabajo. Euristeo ordenó a Heracles traer las yeguas de Diomedes.

Heracles se dirigió al establo donde los animales descansaban. Ahí atacó a Diomedes y lo lanzó contra sus yeguas. Cuando las bestias terminaron de devorar a su amo, se volvieron dóciles y nunca más sintieron deseos de carne humana. Heracles regresó a Tirinto con las yeguas, y Euristeo regaló los animales a la diosa Hera.

El Noveno Trabajo: El Cinturón de Hipólita

El éxito de Heracles se había hecho popular en todo Tirinto. Las personas siempre esperaban noticias sobre sus aventuras y cuál era el nuevo acto heroico que debía realizar. La familia real no era una excepción. Un día, la hija de Euristeo se acercó a él y le dijo, "Padre, ¿podría asignarle la próxima tarea a Heracles, por favor? Haz que traiga el cinturón de Hipólita, la reina de las Amazonas. Deseo agregarlo a mis posesiones".

Euristeo le concedió este deseo a su hija y ordenó a Heracles traer el cinturón de Hipólita.

Heracles se dirigió a la ciudad de Temescira, en los bancos del río Termodonte, lugar donde residían las Amazonas. Las Amazonas eran una raza de mujeres guerreras, forjadas en combate, quienes se cortaban el seno derecho para no tener ningún obstáculo a la hora de usar sus armas; el izquierdo, lo conservaban para alimentar a los niños. Tal era la destreza en combate y el valor de estas guerreras que eran las favoritas de Ares. Y la habilidad de Hipólita, su reina, superaba a la de muchos guerreros. Por esta razón, Ares le había regalado un cinturón, símbolo de su estima. Era este cinturón el que Heracles debía conseguir.

Heracles se presentó ante Hipólita y le explicó su situación. Hipólita lo ignoró y envió a las Amazonas a atacarlo. Las Amazonas eran fuertes, rápidas, y astutas con sus armas, pero Heracles también lo era. En poco tiempo, las había derrotado. Al final, luchó contra la reina Hipólita. Fue una batalla feroz, pero Heracles resultó victorioso y regresó a Euristeo con el cinturón que le había pedido.

El Décimo Trabajo: El Ganado de Gerión

El décimo trabajo encomendado a Heracles por Euristeo fue traer el ganado de Gerión. Este era un ganado fino y hermoso, cuyas pieles se tornaban rojas con la luz del sol. Traer el ganado no era un problema, pero lidiar con su dueño sí. Para llegar al ganado, Heracles debía encargarse primero de su arriero, Euritión, y de su perro de dos cabezas, Ortro. Estos no eran enemigos tan fieros como el León de Nemea o la Hidra, pero Gerión era otra cosa. El hijo de Crisaor, quien salió del cuello del Medusa, y la oceánide Calírroe, se llamaba Gerión. Era un gigante de tres cuerpos y dos pares de alas. Era un guerrero vicioso, muy fuerte y feroz, que cuidaba de su ganado con celo.

Gerión y su ganado vivían en la isla de Eriteia, un lugar remoto en los confines de Océano. El primer problema de Heracles era llegar hasta allí. Heracles caminó a lo ancho de Europa y al llegar al final de la península Ibérica colocó dos pilares, uno en el borde de la península y el otro en el estrecho de Libia, como marcadores de su viaje en el cual tuvo muchas aventuras que no serán contadas aquí. El sol en Iberia era inclemente y esto molestaba a Heracles, tanto que tomó su arco y apuntó con una flecha hacia el sol. Helios, dios del Sol, se quedó tan impresionado y sorprendido por la intención de Heracles que le prestó un bote para que llegara a Eriteia.

Al llegar a Eriteia, Heracles se encargó de Euritión y Ortro en primer lugar. Luego, tuvo una batalla larga y complicada con Gerión, quien tenía la ventaja de ser mucho más grande que Heracles, además de contar con tres cabezas y seis brazos. Pero Heracles salió victorioso. Así que montó al ganado en el bote, y partió a Tartessos, donde le devolvió el barco a Helios. Después de esto, Heracles condujo al ganado de regreso a Tirinto, completando así el décimo trabajo.

El Undécimo Trabajo: Las Manzanas Doradas de las Hespérides

Heracles había trabajado para Euristeo durante ocho años y completado los diez trabajos que el oráculo había dicho, pero el rey no estaba satisfecho y se negaba a liberar al héroe de su servicio. Para Euristeo, el exterminio de la Hidra de Lerna y limpiar los establos de Augías no contaban como trabajos realizados debido a que, en el primero, Heracles había recibido ayuda, y en el segundo había pedido una remuneración. Así que le dijo a Heracles que debía realizar dos trabajos más, uno de los cuales era buscar las manzanas doradas del jardín de las Hespérides.

El árbol que producía estas manzanas había sido un regalo de bodas de Zeus para Hera. La diosa puso este árbol en el borde del mundo, custodiado por un dragón y por las Hespérides, las ninfas hijas del gran Titán, Atlas. Su jardín estaba en el extremo occidental del mundo y ningún héroe había sido capaz de derrotar al dragón y llevarse las manzanas.

Se dice que Heracles logró llegar al jardín y mató al dragón con sus flechas envenenadas, pero otros dicen que obtuvo las manzanas gracias a un truco que le enseñó Prometeo, y así fue cómo pasó. El jardín de las Hespérides estaba cerca del lugar donde Atlas sostenía el cielo sobre sus hombros. Heracles sabía que las Hespérides no tendrían ningún problema con que Atlas tomara algunas manzanas, después de todo, era su padre. Así que Heracles acudió a Atlas y le dijo, "Me gustaría conseguir algunas manzanas del jardín de tus hijas y, a cambio de ellas, sostendré los cielos mientras no estés".

Atlas aceptó y puso su pesada carga en los hombros del gran Heracles. La carga era muy pesada. Pronto, Heracles sintió que no podía seguir cargando los cielos. Pero Atlas apareció con las manzanas. Atlas miró a Heracles y dijo, "Creo que estás haciendo un gran trabajo sosteniendo los cielos. No hay necesidad de que vuelva a hacerlo".

Heracles casi entró en pánico. No quería cargar con los cielos para siempre. Pero luego ideó un plan para que Atlas volviera a su lugar. Heracles dijo, "Puedo seguir haciéndolo, pero ¿podrías sostener los cielos mientras acomodo mi capa?".

Atlas aceptó y tomó los cielos nuevamente. Sin perder tiempo, Heracles tomó las manzanas que Altas había colocado en el suelo y dejó el jardín de las Hespérides para nunca regresar. El pobre Atlas todavía sigue con la misma tarea, cargando el cielo sobre sus hombros, una carga que no puede dejar.

El Duodécimo Trabajo: Cerbero, el Perro del Inframundo

Heracles regresó a Tirinto con las manzanas doradas. A su regreso, el Rey Euristeo lo envió a realizar otra labor que quizá podría acabar por fin con el héroe. Euristeo mandó a Heracles a por Cerbero, el perro de tres cabezas que cuidaba la entrada del Inframundo.

Heracles marchó al Inframundo y se presentó ante Hades. Allí, le preguntó al dios de los muertos si podía tomar prestado a Cerbero para ponerle fin a su penitencia y servicio a Euristeo. Hades aceptó con una condición: Heracles debía subyugar al perro sin usar sus armas.

Cerbero no solo contaba con tres cabezas, también tenía una serpiente como cola. Heracles debía defenderse de los afilados colmillos del frente y retaguardia del animal. Cubierto con la impenetrable piel del León de Nemea, Heracles se dispuso a buscar a Cerbero. El héroe encontró a la bestia en las puertas del Aqueronte, uno de los cinco ríos que atraviesan el Inframundo. Siguiendo las condiciones de Hades, Heracles se aproximó al perro, desarmado. Saltó sobre su lomo y lo tomó por el cuello. Cerbero atacó al héroe con su cola, pero los colmillos de serpiente no hicieron mella en la piel de león. Heracles apretó y apretó hasta que Cerbero dejó de luchar.

Heracles regresó a Tirinto con la bestia a sus pies. Al mostrar el perro al rey Euristeo, este declaró que la penitencia de Heracles había sido cumplida y lo liberó de su servicio. Heracles, tal y como había prometido, devolvió a Cerbero con su dueño.

El gran Heracles vivió muchas otras aventuras que no han sido contadas aquí, derrotó a otros monstruos, ayudó en búsquedas a otros, y realizó otras hazañas antes de morir y ser colocado entre las estrellas por los dioses inmortales.

Teseo y el Minotauro

Egeo era rey de Atenas, y su amigo Piteo era rey de Trecén. Egeo no tenía herederos, así que acudió al Oráculo de Delfos en busca de consejo. Las palabras del oráculo fueron confusas. Parecía que Egeo no debía consumir vino hasta regresar a Atenas. Para entender mejor estas palabras, acudió con su amigo Piteo. Egeo le contó sobre la profecía. Piteo entendió de qué se trataba y aconsejó a Egeo no yacer con ninguna mujer hasta regresar a su reino. Piteo tenía una hija llamada Etra. Él convenció a Egeo de regresar a Atenas con ella y llevarla a su cama en cuanto estuviera en su reino.

Pronto, Etra quedó encinta y dio a luz a un niño al que llamó Teseo. Egeo decidió dejar una tarea para el momento en que Teseo fue un hombre, tarea que probaría que era digno de ser llamado su hijo y de heredar el reino. Así, Egeo escondió una espada y un par de sandalias bajo una roca. Dejó la información a Etra para que solo Teseo supiera donde buscar.

Teseo creció y se convirtió en un hombre alto y fuerte, y con destreza para utilizar muchas armas. Su madre le contó acerca de la espada y las sandalias escondidas bajo la roca. Teseo decidió que era el momento de buscar su fortuna en el mundo, así que emprendió el viaje a Atenas para cobrar su herencia. Primero, fue a la roca y, usando su fuerza, la movió para tomar la espada y las sandalias. Teseo vivió muchas aventuras en su camino a Atenas.

Cuando Teseo llegó a Atenas, descubrió que la hechicera Medea se había convertido en consorte del rey, y había estado intentando darle más herederos. Medea reconoció a Teseo, pero Egeo no. Medea temía a Teseo, así que convenció a Egeo de que este era un enemigo. Medea persuadió a Egeo para invitar a Teseo a un banquete y darle una copa de vino envenenado.

Teseo acudió al banquete como invitado de Egeo. La copa de vino fue puesta ante él, pero no bebió de inmediato. En vez de eso, Teseo blandió la espada que había estado bajo la roca y la trató de usar como cuchillo para la carne. Egeo vio esto y reconoció la espada. Cogió la copa envenenada y la lanzó lejos, recibiendo a Teseo en su casa como su hijo y heredero.

Pero esta decisión no fue bien vista por los hijos de Palante, el hermano de Egeo, quienes vivían en Atenas y esperaban ser los herederos al trono una vez Egeo falleciera. Estos declararon la guerra contra Egeo, y planearon una emboscada para Teseo y sus hombres. Pero un heraldo de los Palántides supo de esto y avisó a Teseo. Teseo y sus hombres estuvieron listos para confrontar la emboscada y derrotaron a los hombres de Palante, quienes fueron asesinados o huyeron.

Teseo regresó a Atenas con el objetivo de ser útil y ganarse el cariño de la gente. Su primera labor fue encargarse del Toro de Creta que Heracles había dejado vagar libre por los campos. La gente se mostró agradecida por ello. El Toro había estado destruyendo los campos y huertos, y nadie había sido capaz de matarlo o espantarlo. El poderoso Teseo atrapó al Toro y lo ofreció como sacrificio a los dioses.

Además del Toro, los atenienses sufrían por otra razón. Muchos años atrás, Androgeo, hijo de Minos, el rey de Creta, había venido a Atenas para participar en concursos atléticos. Pero Androgeo nunca regresó a casa. Se dice que intentó encargarse del Toro de Creta y fue asesinado por este; otros dicen que Egeo temía que Androgeo apoyara a los Palántides, así que decidió asesinarlo. Cualquiera que fuera la causa de su muerte, Minos se dirigió a Atenas y demandó una compensación, pero Egeo no quiso escucharlo. Por esta razón, Minos declaró la guerra a los atenienses. Como su causa era justa, los dioses le favorecieron, trayendo sequía y hambruna junto a la destrucción de la guerra.

Desesperados, los atenienses elevaron sus plegarias a Zeus para saber cómo proceder. Zeus les aconsejó cumplir las demandas de Minos. Minos demandó que cada nueve años Atenas debía pagar un tributo de siete jóvenes y siete doncellas a Creta. Los atenienses aceptaron y así terminó la guerra, el hambre y la sequía. Pero el tributo causó otro tipo de sufrimiento. Minos encerraba a estos jóvenes en el Laberinto, un lugar lleno de túneles y caminos confusos, que era la guarida del Minotauro, mitad hombre, mitad toro, y que se alimentaba de la carne de aquellos que se perdían en el laberinto. El trato con los atenienses era que Minos podía pedir su tributo mientras el Minotauro siguiera vivo.

Cuando Teseo regresó a Atenas, había llegado el momento de enviar otro tributo. Teseo consiguió ser enviado entre los tributos, ya que estaba seguro de que podía encargarse del Minotauro de una vez por todas y acabar con este trato. Se suponía que los jóvenes debían ir desarmados, pero Teseo logró esconder su espada en su ropa. En señal de duelo por las siguientes vidas que iban a ser sacrificadas, la nave que transportaba a los tributos de Atenas hacia Creta zarpó con velas negras. Egeo puso todas sus esperanzas en Teseo y esperaba enterarse lo antes posible del resultado de su misión. Llegó a un acuerdo con el capitán del navío: si la misión era un éxito, al regresar, las velas debían ser blancas; de lo contrario, si Teseo fallaba y moría, negras.

La nave zarpó a Creta. A su llegada, Minos, la familia real y la gente acudieron a ver los nuevos tributos que serían ofrecidos al Minotauro. Ariadna, hija de Minos, posó su mirada en Teseo, y al darse cuenta de que era un joven con un atractivo inusual, se enamoró de él. Ariadna estaba decidida a ayudar a Teseo en su misión, así que le entregó un ovillo. Le dijo, además, que debía fijar un extremo del hilo a la entrada del Laberinto y desenredarlo a medida que avanzara por el mismo. Para encontrar su camino de regreso, Teseo solo debía seguir su propio rastro.

Teseo le agradeció a Ariadna este regalo. Aconsejó a los jóvenes esperar cerca de la entrada del Laberinto mientras él se introducía en él. Tras varios días, Teseo llegó al centro del Laberinto. Allí estaba el Minotauro, una bestia con cuernos enormes. Solo su cabeza era la de un toro, su cuerpo era la de un hombre, macizo y musculoso. El Minotauro atacó a Teseo, y hubo una feroz batalla. Al final, Teseo resultó victorioso, asesinando al Minotauro.

Siguiendo el hilo, Teseo fue capaz de volver a la entrada. Reunió a los jóvenes y los guió a la bahía. Ariadna también estaba allí, ansiosa, esperando saber si Teseo había sobrevivido. Pidió regresar con Teseo, y este aceptó. Se dice que Teseo y los jóvenes escaparon después de hacer hoyos en las naves de Creta para no ser seguidos. De cualquier manera, los atenienses escaparon sin persecución.

El viaje de regreso fue largo. Una noche, se detuvieron a descansar en la isla de Naxos. Mientras dormían, el dios Dionisio secuestró a Ariadna. Se había enamorado de la joven y la tomó para hacerla su esposa. Cuando Teseo y los demás despertaron por la mañana, Ariadna había desaparecido. Gritaron su nombre y la buscaron, pero nunca la encontraron. Entristecidos por esto, abordaron la nave y zarparon hacia a Atenas.

Entre su rápida huida y el luto por la desaparición de Ariadna, los atenienses olvidaron cambiar las velas del barco. Egeo había estaba esperando en la Acrópolis desde la partida de Teseo, esperando tener una señal del regreso de su hijo. Al ver el navío acercarse con velas negras, se lanzó al acantilado en señal de desesperación, pensando que Teseo había muerto, y así falleció.

Teseo llegó a una ciudad sumida en la confusión. Algunos lloraban la muerte del rey Egeo, otros celebraban la llega de Teseo y estaban ansiosos por coronarlo rey. Pero antes de tomar el trono, Teseo hizo los sacrificios y rituales adecuados en honor a Egeo. Y cuando, finalmente, decidió convertirse en rey, Teseo creó nuevas leyes con sabiduría y ayudó a fortalecer la ciudad de muchas formas.

La imagen del Minotauro en el Laberinto tuvo un efecto duradero que se extendió hasta los tiempos de la arquitectura cristiana en la Edad Media. Las anotaciones de Craig Wright nos dicen que los laberintos que decoraban los suelos de muchas catedrales francesas solían mostrar la imagen del Minotauro, en vez de Cristo u otro símbolo cristiano. Wright dice que el Minotauro podría simbolizar al Diablo y que el progreso hacia el centro del laberinto y hacia afuera puede ser una analogía del descenso de Cristo a los infiernos para liberar las almas atrapadas entre la Crucifixión y su Resurrección.

¿Me puede ayudar?

Si usted disfrutó este libro, realmente apreciaría que publicara una breve reseña en Amazon.

¡Gracias por su apoyo!

Segunda Parte: Mitología Romana

Una Guía Fascinante de los Dioses Romanos, Diosas y Criaturas Mitológicas

Introducción

Gravitas fue un principio fundador de la sociedad romana. La vida puede ser brutal, y los romanos descubrieron pronto que era necesario guiar las acciones de uno con severidad o seriedad o, en palabras de hoy, intencionalidad. El uso de *gravitas* como guía para la vida los hizo excepcionalmente prácticos, aunque no particularmente creativos. De hecho, los romanos eran una sociedad sin imaginación. La creatividad que emplearon la tomaron prestada sobre todo, a veces por la fuerza, de otras culturas.

Solo unos pocos de sus dioses eran completamente romanos. Debido a que se escribió muy poco durante los primeros años de Roma, es difícil separar sus propias divinidades de las que se apropiaron.

Originalmente, los romanos eran granjeros. Muchos de sus primeros dioses se ocuparon de las cosechas, la lluvia y su río principal: el Tíber.

Gravitas, con su intencionalidad y practicidad, llevó a los romanos a pensar que podían cultivarse y compartirse afinidades haciendo que sus dioses se parecieran a los de sus vecinos. Estas afinidades facilitaron la asimilación o la conquista. Permitir que los ciudadanos mantuvieran sus tradiciones religiosas, una práctica generalizada entre algunas civilizaciones tempranas, ayudó a hacerlos más compatibles con el gobierno romano. Y si las tradiciones romanas se parecían a las tradiciones de los pueblos conquistados, la población subyugada creería que realmente pertenecían a Roma.

Como un ejercicio moderno en la construcción de una marca comercial, los escritores romanos del primer siglo a.C., desarrollaron relatos del mito y la historia romana para fabricar legitimidad para sus gobernantes. Virgilio (70-19 a.C.), por ejemplo, le dio a Roma su obra de autoridad más importante: la *Eneida*, que contaba la historia de las raíces de Roma en la Guerra de Troya;

descendían de los troyanos, los enemigos de los griegos. Examinaremos brevemente la verdad que se esconde tras esto en el "Capítulo 4: Los préstamos de Etruria".

La Forma de las Cosas por Venir

Veremos muchos aspectos de los dioses, diosas y criaturas mitológicas romanas. Cada uno de los primeros seis capítulos comienza con una escena narrativa que ayuda a dar vida a los personajes legendarios y míticos.

En el capítulo 1, exploramos las semillas de legitimidad que Virgilio plantó con respecto a la conexión troyana con Roma. Aunque Eneas era un personaje menor en la épica *Ilíada* de Homero, Virgilio muestra a Eneas como el epítome de lo que debería ser un buen romano: heroico, serio, virtuoso y devoto. Y algo importante para la *Ilíada*, Eneas fue uno de los hijos de Venus o, como era conocida por los griegos, Afrodita, la diosa del amor.

¿Cómo podemos pasar de un semidiós troyano a la realidad de Roma? Este es el tema del capítulo 2. En este capítulo, exploramos la base de esa gran ciudad a través de los hermanos semi-divinos amamantados por una loba, Rómulo y Remo. También consideramos el mito del hijo de Eneas, Ascanio, que era conocido como Iulus, la base del nombre de Julio, y la base de la dinastía Julio-Claudiana del Imperio romano. Virgilio le dio a la familia de Julio César su historia de fondo para que su patrón, y primer emperador de Roma, Augusto, pareciera más digno de ser un dios viviente.

En el capítulo 3, examinamos a los dioses de origen romano, así como a las criaturas mitológicas romanas.

El capítulo 4 se centra en la influencia etrusca en la mitología romana. La cultura latina cooptó a Minerva como propia, y luego le concedió los atributos griegos de la diosa Atenea.

Tal vez la influencia más fuerte en la mitología romana provino de los griegos. Los griegos eran mucho más creativos, y sus leyendas eran mucho más ricas y detalladas. La influencia griega es el tema del capítulo 5. Los griegos habían expandido su influencia a la parte sur de la península italiana, lejos del pequeño Reino de Roma. En los siglos previos a la República romana, los griegos se habían expandido al sur de Francia y al este de España.

En el capítulo 6, profundizamos en el mundo de la influencia celta y vemos cómo los dioses de los celtas se fusionaron con el panteón romano de maneras creativas. Lo que sabemos sobre el panteón celta proviene de los romanos. Los celtas usaron la narración oral para registrar su historia durante generaciones.

Finalmente, en el capítulo 7, echamos un vistazo a las verdades potenciales que se esconden detrás de los dioses, diosas y criaturas romanas. Todos los mitos tuvieron un comienzo, y en este capítulo, exploramos algunas de las posibilidades.

Los romanos fueron constructores e innovadores en muchas industrias. Tomaron los recursos existentes y los formaron para satisfacer sus necesidades. Pero también adoptaron las ideas creativas de los demás. Con el tiempo, el panteón romano se convirtió cada vez más en un crisol de ideas mezcladas en un popurrí cultural.

Capítulo 1 - La Conexión Troyana

La reina de Júpiter, la Diosa Juno, miró hacia abajo a la flota soldadesca de naves troyanas, lideradas por Eneas, y se burló con deleite al pensar en hundirlos en el fondo del mar. Juno despreciaba a Troya y a su gente. Pequeña e inmadura, como todos los dioses y diosas, carecía de la madurez y la humildad para actuar sabiamente.

Odiaba a Troya porque Paris, Príncipe de Troya, despreció a Juno cuando tuvo que elegir quién era la diosa más hermosa: entre Juno (la Hera griega), Minerva (Atenea) y Venus (Afrodita).

La disputa comenzó en la boda de la diosa griega, Tetis, con el rey Peleo de Egina.

Una diosa, sin embargo, despreciaba el suceso. Eris, diosa de la discordia e hija de Júpiter y Juno, no fue invitada porque los otros dioses querían un evento pacífico. Su exclusión la enfadó. Ella dijo, "al más justo" y arrojó una manzana dorada sobre la pared y dentro de la fiesta. Nadie atrapó la manzana, pero tres diosas reclamaron la manzana dorada como propia: Juno, Minerva y Venus. Para resolver la disputa, le pidieron a Júpiter que juzgara entre ellas.

Comprendiendo las posibles consecuencias nefastas de tal tarea, Júpiter eligió a un mortal para juzgar quién debería poseer la manzana basándose en la inscripción: "al más justo". Ese mortal resultó ser el imparcial Paris, el Príncipe de Troya. Júpiter, comprensiblemente, se protegió a sí mismo al elegir a Paris, ya que la elección molestaría a las dos diosas no seleccionadas, y esa hostilidad podría durar para siempre. Júpiter protegió su propia cordura y seguridad transfiriendo el peligroso deber a un mortal prescindible y conveniente. Tal vez incluso la sabia Minerva no se diera cuenta de cuán ingenuo sería Paris al aceptar una tarea tan intrínsecamente peligrosa.

Después de la celebración de la boda, Mercurio (Hermes) escoltó a las tres diosas a Asia Menor, también conocida como Anatolia, o Turquía moderna. Allí, se bañaron en un manantial local en el Monte Ida, no muy lejos de Troya. Después de refrescarse, encontraron a Paris, sentado en un tronco bajo la sombra de un árbol maduro, atendiendo a su rebaño en las laderas de la montaña.

Naturalmente, el príncipe se sorprendió de que las tres preciosas diosas lo abordaran con este interesante desafío.

Al principio, las diosas posaron ante el honesto príncipe: Juno, Minerva y finalmente Venus. Pero Paris no pudo decidir.

"Me temo, señoras", dijo, respirando profundamente antes de continuar, "que esta es una tarea imposible. Cada una es increíblemente hermosa, y mi mente se encuentra en un callejón sin salida".

"¿Qué pasaría si le mostráramos nuestra forma completa?", preguntó Venus, "¿sin el impedimento visual de la ropa divina que normalmente usamos por modestia sensible?"

Las otras dos diosas asintieron alentadoramente.

Paris sonrió. Había visto antes a mujeres desnudas y sabía el placer que le producía la visión. De hecho, su esposa era la bella ninfa de la montaña, Enone. La idea de que tres grandes diosas se desnudaran voluntariamente para su juicio lo excitó más de lo que creía posible.

Él habló con cautela, sin embargo. Sabía de su poder, y no quería responder precipitadamente y arriesgarse a ofender a ninguna de ellas.

"Puedo sentir la importancia de este desafío que me han dado. Si a cada una de ustedes les agrada que yo, un simple mortal, vea su belleza en su totalidad para completar el cargo que me han imputado, humildemente haré como deseen. Sinceramente espero que esto sea suficiente para resolver por mi propia cuenta una respuesta a su pregunta".

Una vez más, Juno fue la primera debido a su antigüedad entre las tres diosas. En silencio, se desabrochó la prenda de vestir y la dejó caer sobre sus pies. Lentamente, salió y se movió hacia el joven mientras permanecía sentado.

Se acercó, avanzando lentamente. Cuando estaba lo suficientemente cerca como para tocarse, le mostró al joven su cuello y sus pechos hasta su abdomen. También le mostró los muslos y las nalgas, así como la parte baja de su espalda. Mientras mostraba su forma física en todo su esplendor, le susurró algo, sobornándolo para que su voto fuera para ella. Juno le concedería el control sobre toda Europa y Asia, no solo de Asia Menor, sino desde Eriu hasta Yamato-Irlanda y Japón.

Cuando Juno volvió a vestirse, las otras dos diosas adivinaron lo que había hecho. Cada una secretamente decidió influir en la decisión del joven príncipe con el mejor soborno posible que pudieran ofrecer.

Luego, Minerva dejó caer su ropa y se acercó a Paris, igualmente seductora. Debido a su temperamento como guerrera y protectora de la patria, sus movimientos agregaron poder y delicadeza, atributos de los cuales Juno carecía. Su terrenalidad dejó a Paris sin aliento. Mientras Minerva aparecía, acercándole cada curva de su hermoso cuerpo, le susurraba que podía convertir al joven príncipe en el más sabio y habilidoso de todos los mortales en el arte de la guerra. Todo lo que tenía que hacer era elegirla como la dueña de la manzana dorada.

Momentos después, cuando Minerva volvió a ponerse sus vestimentas, Venus dejó caer su vestido y dio un paso adelante, girándose con una tímida seducción que dejó el corazón del joven mortal latiendo fuertemente. Esta era la diosa del amor y Paris sintió una vez más la dificultad de este desafío.

Venus prometió que si Paris la elegía, ella haría posible que se casara con la mujer mortal más hermosa del mundo: Helena, la esposa ya casada del rey Menelao de Esparta.

Asediado por tanto encanto femenino, el soborno que más le atravesaba el juicio era el que más se ajustaba a los sentimientos que dominaban su mente, cuerpo y alma. Indefenso, eligió a Venus y así selló el destino de Troya, desencadenando eventos que eventualmente conducirían a la creación de Roma.

Cuando Helena dejó a su marido para unirse a Paris en Troya, los griegos se unieron para atacar la capital troyana. ¿Por qué habría tal unidad entre las usualmente conflictivas ciudades-estado griegas? Los líderes de esas ciudades estado habían convenido ese ataque.

Helena era tan hermosa que casi todos los reyes de los reinos griegos pidieron su mano en matrimonio. Su sabio padre temía que cualquier hombre que él eligiera para su hija pronto la perdería porque los otros seguirían peleando por ella, incluso después de casarse. La sabiduría de Minerva lo guio a obligar a cada rey a respetar la decisión del padre, jurando proteger el matrimonio de Helena con quien quiera que ella se comprometiera finalmente. Solo después de que cada rey diera su promesa, el padre reveló su elección.

Por lo tanto, cuando Helena dejó a su marido, los otros reyes griegos estaban obligados a ir tras ella para proteger su matrimonio con Menelao de Esparta. Durante una década, asediaron a Troya para proteger los votos matrimoniales entre Menelao y Helena. Al final, Troya perdió, y la ciudad fue destruida.

Ahora que Juno y Minerva habían asegurado el colapso de Troya, después de su guerra de diez años contra los griegos, sus ciudadanos restantes se dispersaron por todo el Mediterráneo oriental. La herencia futura de Troya dependía de Eneas, primo segundo de los príncipes ahora muertos de Troya, incluidos Héctor, París, Deífobo y Polidoro.

Juno despreciaba a Troya por varias razones.

Desde su gran altura, Juno también despreciaba a su ciudad favorita, Cartago, y temía la posible idea de que los descendientes de Eneas algún día arruinaran la ciudad ahora incipiente. Si tan solo ella pudiera detener a Eneas lo haría con tal de terminar la profecía relacionada con él.

Juno también despreciaba a los troyanos porque su propia hija, Hebe, había sido reemplazada como la copera de Júpiter. Su marido había elegido en su lugar al troyano Catamito (Ganímedes en griego).

Después de la destrucción de Troya, Eneas había dirigido sus naves hacia el oeste. En algún lugar, había un nuevo hogar para él y su gente.

Lentamente al principio y luego con convicción, Juno descendió a la Tierra y a la isla de Eolo, dueño de los vientos.

"Mi querido rey Eolo", dijo Juno.

"¡Mi diosa!" Eolo se apartó, sorprendido por su repentina entrada. "¿A qué le debo este honor?"

Juno apartó la mirada por un momento, considerando sus palabras cuidadosamente, luego se giró hacia él con una mirada que perforó sus ojos, ordenando toda su atención, a pesar de que ya la tenía. "He venido a pedir un favor. Una pequeña cosa, realmente. Es trivial, pero debe hacerse".

"¿Sí, mi señora?"

"Me gustaría que uses tus vientos para crear una tormenta. Allí", señaló al mar, "están los barcos de Eneas, el príncipe troyano y todos sus compañeros refugiados. Quiero que sean destruidos, especialmente el barco que transporta a Eneas".

"Hmm-mm", Eolo asintió pensativamente, luego negó con la cabeza en desacuerdo. "Mi señora, no puedo. No tengo ningún agravio con Eneas o su pueblo".

"Pero debes hacerlo", dijo Juno. "Tal vez podría hacer la tarea más atractiva si hago que Deiopea acabe siendo tu novia".

Las cejas del rey se levantaron en reconocimiento de la oferta. Se decía que la ninfa marina, Deiopea, era la más hermosa de todas las criaturas marinas. Pero él negó con la cabeza otra vez. "Mi señora, no la tomaré como esposa, porque ya tengo una, y ella es suficiente para mí. Pero como esto significa mucho para ti, te ayudaré".

"Gracias, amable señor", dijo Juno, y desapareció abruptamente.

Inmediatamente, Eolo juntó todos sus vientos y abrumó la flota troyana. Esta tormenta perturbó la superficie del mar y, de repente, Neptuno (Poseidón en griego) fue alertado de la conmoción en su reino.

"¿Qué sucede aquí?" Demandó Neptuno. Vio los vientos y su objetivo: las naves troyanas. El dios del mar no sentía amor por Troya, pero le molestaba la intrusión en su dominio. "¡Calmaos, aguas!", ordenó. Y él calmó los vientos, a pesar de los esfuerzos de Eolo. Este era el territorio de Neptuno, y cualquier intrusión de otro dios no era bienvenida.

Neptuno adivinó que esto debía ser obra de Eolo y sabía que alguien estaba detrás de este ataque. A pesar de su aversión por los troyanos, no le gustó dicha intrusión. Entonces, les dio a los barcos de Eneas una brisa favorable que los llevó a la costa norte de África, no lejos de la nueva ciudad de Cartago.

Eneas y sus compañeros de viaje aterrizaron en la orilla, agradecidos de estar vivos.

En la distancia, Eneas vio a una mujer hermosa que se acercaba a caballo. Ella tenía un arco colgando de su hombro y un carcaj en su espalda. Él la miró mientras ella se dirigía hacia ellos.

"Todos tienen suerte de estar vivos", dijo la mujer, que resultó ser su madre, Venus, disfrazada. "Algunos de los dioses te favorecen a ti y a tus compañeros".

"Estaba empezando a perder la esperanza", dijo Eneas. "Aprecio tus palabras, pero incluso comenzaba a preguntarme si todos los dioses podrían estar en contra de nosotros, ahora que hemos perdido nuestra guerra con los griegos".

"No temas", dijo, "tu destino es plantar la semilla de un gran imperio".

El joven príncipe inclinó la cabeza hacia un lado, seguro de que no podía creerlo de alguna extraña cazadora en la playa del norte de África.

"Y estás de suerte", dijo. "No muy lejos de este camino", señaló hacia el oeste, "hay una nueva ciudad llamada Cartago, fundada por los fenicios de Tiro, y gobernada por la buena reina Dido. Normalmente la encontrarás en el Templo de Juno".

"Bien, gracias, hermosa forastera", dijo Eneas, justo cuando empujaba a su caballo hacia un trote en la misma dirección. "Pero" y ella se había ido, retrocediendo en la distancia, haciendo caso omiso de sus palabras.

"Veo árboles allá, señor", dijo uno de sus compañeros de viaje. "Puede haber un pozo y agua limpia".

"Bueno. Vamos a refrescarnos y luego nos dirigimos a esta nueva ciudad, Cartago".

Eneas encontró su camino hacia el Templo de Juno y allí rogó a la reina que ayudara a su pequeño grupo de refugiados. En la tradición de toda la gente civilizada, ella lo invitó a él y a sus compañeros de viaje a un banquete en su honor.

Mientras tanto, Venus se encontró con su hijo, Cupido, hermanastro de Eneas.

"Mi querido hijo, necesito tu ayuda. Me gustaría que me ayudes a crear un vínculo entre la Reina Dido y tu hermano, Eneas".

"Sí, Madre".

En el banquete que Dido organizó para Eneas y los otros troyanos, Cupido apareció disfrazado de Ascanio, el hijo de Eneas con su primera esposa, Creúsa. Mientras la imagen del hijo se acercaba a la reina Dido llevando obsequios, Venus, invisible, rodeó al verdadero Ascanio con una mortaja fantasmal para evitar que otros se dieran cuenta de que había dos como él. Incluso el verdadero Ascanio fue embrujado para ignorar al impostor.

Dido recibió gentilmente los regalos y tendió la mano para que el apuesto joven se acercara. Ella sintió un impulso abrumador de darle el afecto de una madre. Mientras estaba en los brazos de

Dido, Cupido trabajó sus encantos sobre ella, debilitando una promesa sagrada que había hecho para permanecer fiel a su esposo muerto, asesinado por su hermano.

"Dime, Eneas", dijo la Reina Dido, "todo lo que te ha sucedido a ti. Quiero escuchar la historia completa. Las historias nos ayudan a entender". Iba a decir que las historias también entretienen, pero lo pensó mejor, sabiendo que el cuento del troyano incluiría una gran tragedia.

"Bien, mi señora", dijo Eneas, "me gustaría agradecerle su amable hospitalidad. Estamos cansados de nuestros viajes. Este lugar de civilización calma nuestras almas".

La reina levantó su copa hacia él y sonrió.

"Nuestra una vez gran ciudad", dijo Eneas, "a la entrada de esa enorme masa de agua, al noreste del Mediterráneo -lo que los griegos llaman el Mar Euxino- nuestra ciudad fue atacada por los griegos. Durante diez largos años, intentaron destruirnos a todos. Sin embargo, en vísperas de lo que parecía nuestra victoria, los griegos dejaron un regalo en nuestra puerta y partieron en masa. Pero el regalo fue nuestra perdición, ya que en su interior había soldados griegos que permanecieron inmóviles como la muerte hasta que estábamos ebrios y dormidos tras nuestra larga celebración".

"Al final del día siguiente, nuestra ciudad era una masa humeante de la humanidad anterior. Nuestra gente fue asesinada o acabó bajo el sometimiento griego. Algunos de nosotros escapamos hacia el interior. Al día siguiente, cuando terminaron las hostilidades y la paz, o lo que quedaba de ella, fue reestablecida, volví a Troya en busca de mi esposa, pero ella estaba muerta. En el humo, vi una imagen de ella que me habló, diciéndome que establecería una gran ciudad hacia el oeste".

"Inspirado por sus palabras, convencí a mis compañeros para que me ayudaran a construir nuestra pequeña flota de barcos. Nuestros viajes nos llevaron por todo el Mediterráneo oriental hasta Tracia, donde encontramos los restos de nuestro compañero troyano, Polidoro. Luego a Estrófades, donde conocimos a Celeno, la Arpía. Esta nos dijo que nos fuéramos de su isla. Pero, antes de irnos, nos dijo que debía buscar un lugar llamado Italia. Después de eso, aterrizamos en Creta. Pensamos que tal vez llegamos a nuestro destino y comenzamos a construir nuestra ciudad. Lo llamamos Pergamea. Pero luego, Apolo nos visitó y nos dijo que aún no habíamos llegado a nuestro verdadero destino".

"En la feria de Butrinto, al norte de Macedonia, intentamos replicar Troya. En esa isla, conocimos a la viuda del Príncipe Héctor y encontramos al Príncipe Héleno, que también había escapado. Entonces Héleno tenía el don de la profecía y gracias a él aprendí más sobre mi propio destino. Me dijo que necesitaba encontrar Italia, también conocida como Ausonia, y con el nombre de Hesperia".

"Hay dos penínsulas grandes llamadas Hesperia", dijo la reina. "Una está al norte de aquí, al otro lado del mar Tirreno. La otra se encuentra en el extremo occidental del Mediterráneo, al norte de la salida a nuestro pequeño mar interior, y la entrada a un gran océano más grande, el reino de Atlas y la alguna vez gran Atlántida, que se hundió hace tanto tiempo".

La reina de repente se sintió cohibida por lo que acababa de decir. La costumbre fenicia era mantener en secreto los descubrimientos de los fenicios. Tales descubrimientos se hacían con frecuencia pagando un alto precio y regalarlos sería perder el control fenicio de tal conocimiento. Pero la reina se sintió excepcionalmente feliz con la llegada de estos invitados y le invadió un espíritu generoso".

"Gracias, mi señora, por su ayuda en nuestra búsqueda. Después de Butrinto, nos encontramos en una tierra llamada Trinacria, donde nuestros barcos apenas escaparon a un grave peligro que más tarde supimos que se llamaba Caribdis, un gran remolino que amenazaba con tragar barcos enteros. Desde ese momento, nos encontramos con los Cíclopes y uno de los griegos, un soldado que había servido bajo el mando de Ulises, un soldado que había quedado atrás en su loca carrera por escapar de las grandes bestias de un solo ojo. Llevamos a Achaemenides, el griego, a bordo con nosotros, pero apenas escapamos con nuestras propias vidas cuando el ciego Polifemo escuchó nuestras voces. No mucho después, mi propio padre, Anquises, murió pacíficamente tras una larga vejez. Navegamos a través de los mares abiertos, sin saber dónde encontrar la tal Hesperia, Italia. Una gran tormenta casi nos destruyó, pero luego encontramos la costa no muy lejos de aquí".

"Estoy tan agradecida de que lo hayas logrado", dijo la reina. Sus ojos brillaban al mirarlo y, en ese momento, sabía que amaba a este príncipe.

Eneas también podía sentir el vínculo y la miraba con profunda admiración.

Más tarde, después de haber tomado en su provisión, Dido sugirió a Eneas, y a algunos de sus mejores cazadores, dirigirse hacia el interior con ella para encontrar caza.

En la sala, pero invisible para estos mortales, Juno se enfrentó a Venus.

"Escucha", dijo Juno. "Me gustaría hacer un trato contigo. Estos dos parecen estar hechos el uno para el otro. ¿Ves lo enamorados que están?"

"Sí", dijo Venus, "¿qué tienes en mente?"

"Detendré mis ataques contra estos troyanos si Eneas se queda aquí en Cartago con Dido, convirtiéndose en su esposo".

Venus sonrió ante la idea de que su hijo se casara con la reina local. Esto la complació mucho. Y como ella ya orquestó los comienzos del amor, haría todo lo posible por mantener a Juno a la altura de su promesa.

Durante su cacería, Dido y Eneas siguieron sus pistas para encontrar a su presa y se separaron de los demás. Al acecharles una tormenta, encontraron una cueva cercana para refugiarse. Dentro de la cueva, Eneas acogió a Dido en sus brazos para mantenerla caliente. Ese abrazo desembocó en besos y en una experiencia más profunda y apasionada que Dido interpretó como que Eneas estaba ahora atado a ella de por vida.

Después de que regresaran al palacio en Cartago, los dos estaban clara y profundamente enamorados. Pero su afecto fue efímero. Mientras los dos estaban juntos en su aposento, una luz brillante apareció en mitad de la habitación y de repente apareció la forma de Mercurio, el mensajero de los dioses.

"Eneas, hijo de Venus", dijo Mercurio, "esto ha ido demasiado lejos, y el propio Júpiter me ha ordenado que intervenga. Tienes un destino, y debe ser perseguido hasta el final".

"Pero", dijo Dido. "¿Tiene que mantenerse alejado? ¿No puede volver a mí?"

"Me temo que no, mi señora", respondió Mercurio. "El destino futuro del mundo depende de Eneas".

Dido negó con la cabeza y gritó de agonía. El dolor de un amor tan fresco que se apagaba antes de florecer era demasiado doloroso. Miró a Eneas para aliviar su sufrimiento.

"Lo siento, mi amor", fue todo lo que pudo decir.

Sus gritos llenaron el palacio con tal remordimiento que todos pudieron sentir su dolor.

Inmediatamente, agarró la espada de Eneas y salió de la habitación.

Cautelosamente, él la siguió. Podía escuchar sus órdenes de construir una pira en la gran apertura frente al palacio. Tras haberse construido, ella trepó hasta la parte superior, con la espada en la mano.

"Gente de Cartago. Todos hemos sufrido demasiada tragedia últimamente. Primero, el asesinato de mi esposo, y ahora este trágico amor que nunca tendrá lugar". De repente, hundió la espada en su abdomen.

Sus ojos brillaron con un dolor increíble, y cayó de rodillas, con la espada deslizándose de su herida. "Habrá para siempre una gran lucha entre nuestros pueblos, Eneas. Me has herido más de lo que esta espada podría jamás hacer". Luego cayó de espaldas sobre la pira, jadeando estas palabras finales, "levántate de mis huesos, espíritu vengador".

Entendiendo la gravedad de este acto, Eneas rápidamente reunió a su gente y los condujo fuera de la ciudad y de regreso a sus barcos.

Mientras navegaban, miró a Cartago, pero todo lo que pudo ver fue el humo que ascendía hacia el cielo desde la pira funeraria de Dido.

Lo que la Historia y un Análisis Del Mito Nos Cuentan

Las estimaciones establecidas con respecto a la fundación de Cartago van desde 1215 hasta 814 a.C. Los historiadores modernos parecen favorecer la fecha posterior, debido a una referencia hecha por Timeo de Taormina de que Cartago había sido fundada 38 años antes de la primera Olimpiada (776 a.C.). Esto es irónico y posiblemente bastante erróneo si creemos en la historia de Eneas, porque la Guerra de Troya supuestamente fue mucho antes, tradicionalmente datada en 1184 a.C. Algunos historiadores colocaron la fundación de Gadir (Roman Gādēs, morisca Qādis, la moderna Cádiz, España) alrededor del 1104 a.C., como una colonia de Tiro, mucho más allá de Cartago al viajar desde allí. Si bien es muy posible que Tiro pasara por alto muchos lugares para establecer un puesto de avanzada solitario más allá del extremo opuesto del Mediterráneo, parece más probable que hubieran creado al menos una o dos colonias intermedias en esa longitud de 4000 kilómetros. El nivel arqueológico en Hissarlik, Turquía, asociado con la Guerra de Troya, llamado Troya VIIa, fue destruido hacia 1220 a.C.

Aunque Eneas tiene una mención menor en la *Ilíada* de Homero, el mito de que Eneas era el abuelo de Roma surgió durante el primer siglo con escritores como Virgilio, Ovidio y Tito Livio. Por lo tanto, parece altamente probable que la conexión romana con Troya se ideara para establecer una base pseudo-histórica para la marca de la familia Juliana.

A partir de esta narrativa ficticia, Julio César podría reclamar su relación directa con la diosa Venus a través de su hijo, el troyano Eneas. Además, el padre de Eneas, Anquises, era el cuarto nieto de Zeus y Electra. Por lo tanto, cada vez que un miembro de la familia César hablaba, hablaban desde una posición de poder divino, y esto les ayudaba a obtener un mayor respeto. No salvó a Julio César de la conspiración para asesinarlo, pero ayudó a sentar las bases de "gravitas" que se convirtieron en el oficio del emperador.

Venus era la diosa del amor, pero Julio César se había hecho un nombre, el cual se extendió a toda su familia, más por sus propios actos de guerra contra los galos celtas y, más tarde, contra elementos perturbadores dentro de la República romana.

A partir de estas historias (inventadas o transmitidas), aprendemos qué dioses favorecían a los romanos y sus fundadores.

Algunos de los otros dioses no eran amigos de Roma y su fundación. Estos enemigos de facto de Troya y, por lo tanto, de Roma, fueron Juno (Hera griega), Vulcano (Hefesto), Mercurio (Hermes), Neptuno (Poseidón), Tetis (sin contraparte en la mitología romana), Timorus (Fobos), Formido (Deimos) y Discordia (Eris). Discordia (Eris), después de todo, era la diosa que había empezado todo el problema troyano con su celoso rencor por no haber sido invitada a una boda divina. Parece doblemente abusivo que ella tuviese que estar en contra de la parte atacada por su propio comportamiento. Apoyando a Troya, e indirectamente también a Roma, estaban Venus (Afrodita), Apolo, Marte (Ares), Diana (Artemisa), Latona (Leto) y Escandinavo griego (sin equivalente romano).

De la historia expandida de Eneas por los romanos, vemos que Júpiter también apoyó la causa romana.

Desde Eneas, el hijo de Venus, hasta los fundadores de Roma, Rómulo y Remo, hubo 15 generaciones de latinos, primero en Lavinio y luego en Alba Longa.

En el siguiente capítulo, vemos cómo estos semidioses troyanos divinos lucharon por establecer una cabeza de playa en mitad de la península italiana, entre muchas otras tribus.

Capítulo 2 - Fundación de Roma

"Numitor es el rey legítimo", dijo alguien entre la multitud.

"Entonces, ¿por qué se le hizo tan fácil a su hermano, Amulio, destituirlo?", preguntó Domiciano, "¿Le parece correcto que un rey tan imprudente y débil deba permanecer en el trono? Numitor es demasiado suave".

"Si te robo la capa", preguntó Remo, "¿eso me convierte en el nuevo dueño?"

"Si fuiste lo suficientemente débil como para proteger tu propiedad y permitir su robo, entonces sí", dijo Domiciano, "ya no te la merecerías". Remo se percató del hecho de que su oponente había cambiado el enfoque de Domiciano a él mismo, aparentemente incapaz de considerarse alguna vez vulnerable.

"Y", Remo levantó una pequeña bolsa de monedas, "esto solías llevarlo tú, pero ¿no pudiste sentir cuando lo cogí? ¿Eso te hace débil y suave?"

"Devuélvemelo", dijo Domiciano, tratando de alcanzarlo.

"¿Por qué?" Preguntó Remo. "Ahora es mío. Tú lo dijiste con tus propias palabras".

Domiciano apretó los puños, frunció el ceño y movió la boca como si masticara una dura carne de res. Dio un paso hacia Remo, pero uno de sus amigos lo sostuvo para evitar una pelea.

"Remo tiene razón", dijo Rómulo. "Amulio robó el trono por la fuerza, una traición desde adentro. Si yo fuera Numitor, sacaría a Amulio y lo ahorcaría con sus propias entrañas por su traición. Es simple y llanamente una traición. No le haces eso a tu propio rey. La traición es uno de los peores crímenes".

Remo continuó burlándose de Domiciano colgando el monedero frente a él. De repente, Remo intentó un lanzamiento clandestino que fue mal dirigido, sin ninguna intención, y golpeó a Domiciano en la cara con su propia bolsa.

Enfurecido, Domiciano atacó a Remo y la violencia se extendió rápidamente por toda la multitud.

Rómulo pidió que sus partidarios se retiraran. "Retirada, amigos míos. Estos traidores no valen nuestro tiempo".

Entonces partieron, defendiéndose de los últimos golpes de su oposición.

Cuando Rómulo y sus amigos se retiraron a una distancia segura, notaron que los partidarios del Rey Amulio también se retiraban, llevando a sus heridos.

"¿Dónde está Remo?", Preguntó Rómulo. Miró a todos sus amigos. Se encogieron de hombros. "¡Por los dioses! ¡Se llevaron a mi hermano!"

"¿Qué hacemos?", preguntó alguien cercano.

"Lo rescatamos", respondió Rómulo bruscamente.

"Sí, Sí. Por supuesto", dijo otro. "¿Pero cómo?"

"Juliano, síguelos", dijo Rómulo. "Averigua dónde retienen a mi hermano e infórmame".

El joven -su corredor más rápido- asintió y se fue tras los partidarios del usurpador. Rómulo pasó la siguiente hora reuniendo hombres para apoyar un esfuerzo de rescate. No mucho después, Juliano informó y dio la ubicación donde estaba retenido Remo.

Minutos después, tres grupos de simpatizantes de Numitor se acercaron al lugar de retención por diferentes caminos y, rápidamente, abrumaron a los guardias que estaban afuera. Otros dos fueron tomados con Remo y los tres fueron liberados.

Esa noche, Rómulo y Remo recibieron la noticia de que el rey Amulio los estaba buscando. Esto fue seguido en breve por un mensaje que los tomó a los dos por sorpresa. Era del propio Numitor. Quería conocer a los dos jóvenes.

Era tarde por la noche cuando Rómulo y Remo fueron conducidos a la casa de Numitor, el rey depuesto.

"Bienvenidos, muchachos. Por favor", hizo un gesto hacia los asientos frente a una mesa hacia el centro de la habitación. "He intentado informarme acerca de su familia. Fáustulo me comenta que los encontró a ustedes dos amamantados por una mujer del clan de lobos Rasenna, no muy lejos al norte de aquí. Ella los entrego a ustedes dos a él, porque simplemente los había encontrado a ambos a la deriva en una balsa en el río Tíber".

"Sí", respondió Rómulo. "Eso es todo lo que sabemos".

Numitor asintió. "Escuché cómo me defendiste contra los partidarios de mi hermano". Sonrió.

"Estoy sorprendido", dijo Rómulo, "de que tu hermano te dejase vivir después de tomar tu trono".

"Sí", dijo Numitor, sonrió débilmente y se apartó de ellos, continuando hablando. "Tiene a mi hija, Rhea Silvia, en un convento controlado por él y los suyos. Después de que Amulio liderara sus fuerzas para derrocarme, hizo matar a mi hijo, y mi hija se comprometió a 30 años de celibato en el convento para asegurarse de que yo no pudiese tener un heredero. Numitor asintió y se volvió hacia ellos. "Mi hermano me teme, pero no puede matarme. Es irónico que él pueda matar bebés, sin embargo. Mató a su sobrino con bastante facilidad. Pero quizás él siente que es más seguro mantenerme con vida para que mis seguidores no lo maten directamente".

"Si hubiera algo que pudiéramos hacer", dijo Remo.

"Quizás sí lo haya", dijo el ex rey. "Quizás. Pero primero, déjenme contarles una historia. ¿Conocen a Eneas?"

"Sí, por supuesto", dijo Rómulo. "Cada niño de nuestra tribu aprende del gran troyano, descendiente de los dioses, directamente de Venus, como su hijo, y de Júpiter a través de su padre, siendo él el quinto bisnieto de Júpiter".

"Muchos de nosotros", dijo Numitor, "estamos directamente relacionados con Eneas y los dioses. Cuando mi hija estuvo encerrada en el convento, Marte la visitó".

"¿En serio?", Preguntó Remo. "¿En un convento?"

"Él es un dios", dijo Rómulo.

"Y mi adorable Rhea tiene divinidad corriendo por sus venas, tal como corre a través de las de mi hermano. Pero ella dio a luz gemelos". Numitor hizo una pausa durante un momento, mirando profundamente a Remo y luego a Rómulo. "Amulio ordenó matar a esos gemelos, pero los sirvientes los pusieron en una canasta y los dejaron a la deriva en el río Tíber".

Los ojos de Rómulo se abrieron de par en par, y miró a Remo, que estaba igual de sorprendido. "Pero".

"Cuando Eneas llegó a estas costas", continuó Numitor, "se hizo amigo del Rey latino de los latinos. El rey quedó tan impresionado por el troyano que le ofreció a su hija, Lavinia, en matrimonio. Esto no le cayó bien al rey Turno de los Rutuli, porque esperaba la mano de Lavinia en matrimonio. Turno atacó, pero Eneas prevaleció y mató a Turno. Eneas fundó la ciudad de Lavinio, nombrada en honor a su nueva esposa".

"Después de la muerte de Eneas, su hijo, Ascanio, también conocido como Julo, se convirtió en el rey de Lavinio. Un codicioso rey etrusco, llamado Mezencio, atacó después de que Ascanio se erigiera como rey, obligando a la gente de Eneas a pagar tributo. No mucho después, Ascanio atacó a Mezencio, matando a su hijo, y obligó a los etruscos a pagar tributo. Cuando eso se resolvió, Ascanio dejó la ciudad bajo el gobierno de su madrastra, Lavinia, y él fundó esta ciudad de Alba Longa".

"Pero espera", dijo Rómulo, "¿Qué fue lo que dijiste antes sobre los gemelos y el río?"

Numitor sonrió y asintió. "Soy el duodécimo bisnieto de Eneas y ustedes, mis dos muchachos maravillosos, son los decimocuartos bisnietos de Eneas".

Ambos jóvenes se detuvieron y se miraron el uno al otro. Numitor se acercó a ellos y los abrazó a ambos, acercándolos para fundirse en un fuerte abrazo. "Ustedes son mis nietos", dijo. "Lo supe en el momento en que escuché de su fuerza de carácter y el gran apoyo que me proporcionaron. Tienen la sangre de los dioses corriendo por sus venas". Se detuvo y lloró, sosteniéndolos con fuerza. Ambos abrazaron a su abuelo.

Durante la noche, hablaron sobre cómo restaurar a Numitor en el trono. En tres días, reunieron las fuerzas necesarias y desarrollaron la estrategia para derrocar a Amulio, mientras también protegían a su madre, Rhea Silvia. En la lucha, Amulio fue asesinado junto con muchos de sus seguidores. A los que quedaron se les pidió que se sometieran a Numitor o que se enfrentaran al exilio.

Ambos muchachos desearon lo mejor a su abuelo, pero sintieron que su destino estaba donde la loba etrusca los había criado. Regresaron a las siete colinas donde habían crecido, jurando construir una ciudad aún mayor. Con las bendiciones de su abuelo, regresaron a la casa que consideraban su hogar.

"Allí", dijo Rómulo, "en el Monte Palatino. Esa es la posición más estratégicamente defendible para una nueva ciudad".

"No estoy de acuerdo", dijo Remo. Señaló: "Es ahí, en el Monte Aventino".

Discutieron durante varios minutos, finalmente decidieron dejar que los dioses ayudaran en su decisión.

"Deja que el augurio nos ayude", recomendó Remo.

"De acuerdo", respondió Rómulo. "¡Comienza!"

"Ahí, allí, allí", dijo emocionado Remo. "He visto seis pájaros auspiciosos".

Rómulo refunfuñó y agitó el brazo hacia su hermano para que tuviera paciencia. Unos momentos más tarde, dijo: "Bueno, ahora. Mira eso. Doce. Yo gano".

"Pero primero vi el mío", dijo Remo. "Yo gano".

Rómulo negó con la cabeza y murmuró: "Increíble. Haz lo que debas hacer. Yo voy a construir mi ciudad allí". Una vez más, señaló el Monte Palatino y les agitó el brazo a sus seguidores. "Vámonos".

Remo miró a los que se quedaron con él. "Para el Monte Aventino", dijo. "Quizás tendremos dos ciudades en apoyo mutuo".

En poco tiempo, Rómulo y sus hombres habían construido una pared a mitad de camino alrededor de su nueva ciudad. Remo decidió investigar las defensas y saltó sobre la pared. Un guardia sorprendido se giró hacia él y clavó su espada en el joven antes de que pudiera reconocer quién era.

"Por los dioses", comentó Rómulo, "¿qué has hecho?" Corrió hacia adelante y sostuvo a su hermano en sus brazos. "¡Remo, oh Remo!" La muerte le había llegado y Rómulo gimió de pena.

Durante varios días, sus hombres, junto con aquellos que habían seguido a Remo, continuaron construyendo el muro. Rómulo, sin embargo, se mantuvo alejado de ellos, trabajando conquistado por su dolor.

Finalmente, juntó a sus hombres para hablar con ellos.

"Esta ciudad tiene un problema importante".

"Pero señor", dijo uno de sus hombres, "¿cuál podría ser tal problema? El sitio es bueno", miró a algunos de los hombres que habían seguido a Remo, "tal vez tan bueno como el Monte Aventino, y nuestra pared es sólida y altamente defendible. ¿Qué nos estamos perdiendo?"

Rómulo se rio entre dientes y luego sonrió por primera vez en más de una semana. "Como somos ahora, somos una ciudad de una sola generación. Cuando nos hayamos ido, nuestra ciudad permanecerá como tal".

"¿Qué?"

"Oh", dijo uno de los otros. "Por supuesto. Sin mujeres".

De repente, todos se rieron.

"Lo que propongo", dijo Rómulo, "es que negociemos con los Sabinos que están más allá de estas colinas y pidamos sus hijas en matrimonio".

Todos asintieron. Parecía un buen plan, pero cuando los ancianos Sabinos fueron consultados, su respuesta fue un rotundo "¡No!". Esos mayores temían a la competencia. Una nueva ciudad-estado en medio de ellos solo podría conducir a la tiranía, el derrocamiento o la conquista.

Aunque sus hombres se desanimaron, Rómulo sonrió astutamente mientras los reunía una vez más para debatir sus opciones.

"Hombres", dijo Rómulo, "tenemos grandes habilidades para la construcción, la metalurgia, la agricultura y tareas similares. Nosotros, por lo tanto, deberíamos poder elaborar un plan para obtener las mujeres que necesitamos. Propongo que preparemos una fiesta e invitemos a nuestros vecinos a unirse a nosotros. Vamos a terminar nuestro muro y utilizaremos eso como un disfraz para la celebración. Necesitamos armas, pero también necesitamos comida. Necesitamos planear esto cuidadosamente para que resulte tentador para nuestros vecinos e infalible en nuestros objetivos de adquirir nuestras futuras esposas. En unas pocas semanas, cuando terminemos nuestro muro, será la fiesta de Neptuno, Dios ecuestre del mar como patrón de los caballos. Deberíamos conseguir algunos caballos para entonces también".

Todos asintieron. Y Rómulo le asignó a cada uno las tareas de preparación para su próximo festival.

El día de la fiesta llegaron personas de todas las aldeas vecinas -sabinos, caeninenses, crustumerios y antemnates- con sus hijos e hijas para ayudar a los nuevos romulanos a consagrar su nueva ciudad y celebrar la finalización del muro exterior.

En mitad de la celebración, Rómulo dio la señal y la mitad de sus hombres agarraron a una mujer cada uno y las llevaron a la fuerza de nuevo al muro. Allí, algunos de los hombres se quedaron para proteger sus capturas y evitar que escaparan, mientras que otros usaron sus nuevas armas para defenderse de los enojados padres y hermanos. Luego, más hombres agarraron a otro grupo de jóvenes mujeres para llevarlas a su muralla, para que así todos tuvieran esposas.

Solo una pequeña fuerza era necesaria para proteger a las mujeres. El resto de las fuerzas de Rómulo fueron empleadas para derrotar a los hombres vecinos y sus esposas, obligándoles a retirarse.

Después de que los invitados se fueran, las mujeres secuestradas fueron llevadas, una por una, a ver a Rómulo. Él habló con cada una de ellas y les suplicó que se sometieran a sus nuevos maridos por el bien de su nueva civilización. Apeló a sus instintos maternales, sugiriendo que no hay nada más sagrado que poder compartir la creación de niños y nuevas generaciones.

Al día siguiente, el Rey de los caeninenses llevó su ejército para atacar a los romulanos. Su rey fue asesinado y su ejército fue enviado a casa, desmoralizado por su derrota humillante.

Rómulo reunió a sus tropas más fuertes y atacó su ciudad, Caenina, invadiéndola fácilmente. El primero de marzo de 752 a.C., Rómulo celebró la derrota de los caeninenses dedicando un templo a Júpiter.

Los antemnates atacaron la nueva ciudad de Rómulo. Y, de nuevo, Rómulo tomó represalias, capturando su ciudad. Entonces, los crustumerios tomaron las armas contra las fuerzas de Rómulo y ellos también perdieron su ciudad.

Finalmente, los sabinos decidieron que Rómulo debía ser vencido por el robo de sus mujeres. El rey Tito Tatio envió a sus fuerzas a las puertas de la nueva ciudad y descubrió que una de las mujeres abriría las puertas si recibía lo que llevaban en sus brazos. Ella era Tarpeya, hija de Spurius Tarpeius. Cuando ella abrió las puertas, fue inmediatamente asesinada por sus escudos de avance, cargados sobre sus brazos y exprimiéndole la vida. Su cadáver fue arrojado desde una roca alta cercana que se conoció como la Roca Tarpeya, el lugar donde Roma ejecutó a todos los traidores.

Ahora, los sabinos tenían la ciudadela de la ciudad. Los romulanos atacaron, pero fueron fácilmente derrotados. Los hombres de Rómulo estaban deprimidos por su incapacidad para retomar su propia ciudad.

Rómulo habló con ellos, tratando de levantarles el ánimo. "Por el mismo Júpiter, ganaremos esto. Y en su honor, construiré otro templo, esta vez a Júpiter Estator. Los dioses están de nuestro lado si continuamos siendo valientes y derrotamos a estos invasores".

Con sus hombres lo suficientemente motivados, atacaron e hicieron que el general sabino saliera corriendo. Mientras se acercaban a sus enemigos sabinos, Rómulo y sus hombres recibieron el susto de sus vidas.

De repente, entre las fuerzas opuestas, las esposas sabinas se apresuraron a detenerlos.

"¡Escúchenme!", dijo una de las mujeres, "oh, hombres de Sabino y maridos de Rómulo. No nos interesa perder ni a nuestros maridos ni a nuestros padres. Por favor, detengan sus armas, o tendrán que usarlas contra nosotras. No podemos vivir sin padres o maridos. Por favor, no nos hagan elegir".

La guerra terminó abruptamente. El rey Tito Tatio acordó gobernar con Rómulo sobre la ciudad nueva y la ciudad vieja de Sabina.

Cuando se hicieron los acuerdos finales, uno de los hombres de Rómulo dijo: "Señor, hemos llamado a este lugar nuestra ciudad o la ciudad de Rómulo, pero realmente necesitamos un nombre digno de una ciudad. Quizás podríamos llamarla simplemente, 'Rómulo'".

El rey Rómulo miró por un momento con toda su humildad y luego se dirigió primero al hombre y luego a todos sus hombres. "Mis compatriotas. Me halagáis con esta sugerencia, pero no me gustaría olvidar a mi querido hermano, Remo. Tal vez podamos usar mejor su nombre".

"O", dijo otro hombre, "podríamos usar un nombre más corto que nos recuerde a ambos hermanos, Roma".

Varios otros asintieron y expresaron su aprobación del nuevo nombre.

"Sí", dijo Rómulo. "Este nombre me hace feliz. Estoy seguro de que Remo lo aceptaría".

De la Loba a la Fundación de una Gran Ciudad

La primera vez que la historia de Rómulo y Remo apareció en la literatura romana fue hacia el final del siglo III a.C. El hecho de que su historia siempre haya sido parte de la cultura romana es algo que se desconoce. Muchas culturas tenían tradiciones orales que finalmente se escribieron para la posteridad: los griegos, los germánicos y los romanos.

Rómulo y Remo fueron amamantados por una loba. La imagen parece gritar a voces: "Somos duros; no te metas con nosotros". Los eruditos modernos consideran que el símbolo del lobo era etrusco (Rasenna). Una versión más probable, si estos dos héroes legendarios se basan en personas reales, es que fueran amamantados por una doncella etrusca (humana). Etruria (Rasenna), en la fundación de Roma, constituía gran parte del terreno circundante, con su capital en Velzna, al noroeste de Roma.

Muchas otras culturas ocuparon lo que hoy es la Italia moderna. La Toscana actual fue el hogar de los etruscos, y en el sur de Italia y Sicilia, los griegos ocuparon muchos lugares a lo largo de la costa.

El pequeño reino de Roma tenía una gran competencia en la península, incluidas las dos principales islas asociadas con Italia: Cerdeña y Sicilia.

La ciudad de Lavinio es un lugar real, y la evidencia arqueológica sugiere que Alba Longa era una ciudad real o un grupo de ciudades más pequeñas a lo largo del lago Albano, que se extiende desde los montes Albanos.

Para los romanos entrañó una gran cantidad de sabiduría práctica, así como militar, el sobrevivir y prosperar en medio de tantas otras culturas.

Pero los romanos tenían a los dioses de su parte. La humildad romana hacia el poder superior de los dioses hizo que estos mortales fueran lo suficientemente modestos como para buscar respuestas prácticas y viables, en lugar de confiar en los egos de cortas miras.

Capítulo 3 - Dioses Puramente Romanos

Alrededor de 640 a.C., el rey Anco Marcio llevó a su gente al Tíber en una lenta y solemne procesión.

Anco Marcio Rex, rey de Roma, a los 37 años se había convertido justo en el nuevo gobernante del pequeño reino. Su predecesor era el nieto de Osto Ostilio, el héroe que luchó junto a Rómulo en la recuperación de la ciudad de Sabina. Osto murió como un héroe, y su nieto fue un buen rey, pero prestó muy poca atención a la adoración de los dioses. Anco era un sabino por linaje, y nieto del segundo rey de la ciudad, Numa Pompilio, el gran sucesor de Rómulo.

Como primer acto, ordenó al Pontífice máximo que hiciera una copia pública del texto de los comentarios de su abuelo sobre los ritos religiosos, para que cada ciudadano supiera los detalles de la adoración más adecuada.

Su pueblo pronto intentó apaciguar al dios del río: Tiberino.

Cuatro hombres llevaron una efigie de paja de un hombre sobre sus hombros. Caminaron hasta el borde del agua y esperaron.

"Ciudadanos", dijo el rey, "primero invoquemos a Jano, el dios de los comienzos para bendecir este evento, de modo que todo lo que hagamos aquí tenga un impacto justo en nuestras vidas. Señor Jano, visítanos ahora y consagra estos procedimientos como solo tú puedes hacerlo". Se giró de un lado a otro para inspeccionar a la multitud, incluyéndolos a todos en lo que dijo.

"Nos reunimos hoy", continuó el rey, "para rendir homenaje a Tiberino y a sus aguas que dan vida a la tierra. Acepten esta ofrenda que nos vincula simbólicamente con el río que nos otorga tantas bendiciones todos los días de nuestra existencia".

Un sacerdote de uno de los templos dio un paso adelante y consagró la efigie de paja, pronunciando varias palabras de oración sobre ella. Entonces, los cuatro hombres arrojaron al hombre de paja al río, y todos vieron cómo la corriente lo arrastraba hacia el mar.

"Gracias, mi buena gente", dijo el rey, "y que comiencen las festividades".

Hubo un gran aplauso de la multitud, y todos volvieron a subir a la colina donde se celebraban las comidas y los juegos.

Ennius Cloelius era un hombre viejo con cabello blanco, pero caminaba erguido a pesar de su edad. Como consejero del rey, se le solía divisar a su lado con frecuencia. Aquel día no fue una excepción. Mientras caminaban detrás de la multitud de personas compartieron algunas palabras.

"Mi Señor", dijo Ennius, "he recibido informes de que varias tribus latinas están celosas de nuestros éxitos. Me temo que pueden atacar".

"Gracias, mi amigo", respondió el rey, "siempre es bueno saber la verdad de las cosas, incluso cuando son malas noticias. Necesitamos estar preparados, sin duda".

"Pero, señor, ¿cómo respondemos si atacan?"

"Con la fuerza, por supuesto. Nos defendemos a nosotros mismos. Pero más que eso, debemos darnos cuenta de que las personas de cada ciudad no son necesariamente responsables de los actos de sus gobernantes o sus fuerzas armadas. Yo, por mi parte, recibiría más ciudadanos, si están dispuestos a vivir en paz. Como Rómulo hizo antes que nosotros, necesitamos traer a más latinos a nuestro medio y darles un hogar dentro de nuestra protección. Si nos atacan más, los derrotaremos también y tomaremos a sus ciudadanos como botín, no como esclavos, sino como huéspedes honrados y ciudadanos de nuestra nueva nación".

"Gracias, mi señor. ¿Y cómo vamos a legitimar nuestro ataque contra los latinos?"

El rey se rio. "¿Me estás poniendo a prueba?" Se rio de nuevo y golpeó al consejero en la espalda con afecto. "Como siempre, consultamos a los dioses. Solo declararemos la guerra a otros a través de los ritos feciales. Después de todo, queremos ganar si vamos a la guerra. Lo último que necesitamos es atacar y descubrir que los dioses están contra nosotros en ese ataque. Eso sería tonto, de hecho".

"Ya veo, mi señor. Muy sabio".

"Y, como siempre, mi viejo amigo, confío en tu sabiduría para decirme cuándo necesito reconsiderar mi caso".

La Roma Más Antigua

Roma tenía la costumbre de adquirir dioses junto con su conquista del territorio y sus pueblos. Los dioses incluidos aquí son los que formaban parte de la cultura romana y algunos que fueron importados al principio cuando secuestraron a sus novias sabinas.

Abundancia es la diosa de la abundancia y la prosperidad.

Bubona es la diosa del ganado.

Candelífera es la diosa del parto. El nombre literalmente significa "la que lleva la vela", tal vez refiriéndose a alguien que proporciona luz en los partos realizados por la noche.

Carmenta es la diosa del parto y la profecía.

Clementia es la diosa del perdón y la misericordia.

Cloacina es la diosa de las alcantarillas en Roma y protectora de las relaciones sexuales durante el matrimonio.

Deverra es la diosa de las parteras y las mujeres que trabajan colaborando durante el parto. El nombre significa "barrer", y está dirigido al mal que podría amenazar a la madre o al recién nacido.

Dis Pater es el dios romano de la prosperidad derivado de la tierra -minerales, metales, cosechas y otros- y más tarde del inframundo. ¿Cómo se asoció el reino de los muertos con los cultivos y los minerales? Todo lo relacionado con el suelo también estaba conectado al inframundo. Los muertos eran enterrados en el suelo. Más allá del suelo, como decían los viejos mitos, los dioses gobernaban sobre las almas muertas. Más tarde, Dis Pater fue absorbido por el dios Plutón, que era el equivalente del dios griego del inframundo, Hades. Pater proviene de la raíz de la palabra "padre", aunque en ocasiones el dios era simplemente llamado "Dis".

Edesia es la diosa de la comida que presidía los banquetes.

Fabulino es el dios de los niños y les enseñaba a hablar. Cuando un infante pronunciaba su primera palabra, se le hacía una ofrenda a este dios en agradecimiento por el bendito evento.

Felicitas es la diosa de la buena suerte y el éxito. Similar a Fortuna, pero la suerte que viene de Felicitas siempre era positiva.

Fides es la diosa de la lealtad, la confianza y la buena fe. Su símbolo era la tórtola, y supervisaba la protección de todos los tratados estatales con países extranjeros.

Honos es el dios de los honores militares y la caballería.

Jano es el dios romano de los comienzos, los finales y las puertas o aberturas entre estados, reinos y condiciones. Vemos su nombre incluso hoy en el calendario occidental en el primer mes, enero. Como todo lo importante tiene un comienzo, Jano era el primer dios consultado en tales eventos: matrimonios, nacimientos, estaciones, días, muertes e incluso nuevas construcciones y ciudades. Todas las ceremonias religiosas tenían sus orígenes. Si se celebrara una fiesta de Neptuno, se mencionaría a Jano primero, por lo que la celebración comienza con el pie derecho.

Los romanos tenían una fascinación por los augurios. Siempre buscaban señales para saber el futuro y, mientras el presente cruzaba la puerta hacia el futuro, Jano siempre estaba presente y exigía consideración por parte de cada ciudadano romano justo. Siendo el dios de las puertas, Jano era quien decidía sobre quién podía comunicarse con los otros dioses y siempre era consultado sobre asuntos relacionados con cualquier divinidad.

El dios Jano probablemente deriva de una fusión de dos dioses etruscos: Ana (diosa de los comienzos) y Aita (dios de los finales y el inframundo).

Juventas es la diosa de la juventud, especialmente para los jóvenes que han alcanzado la mayoría de edad y son "nuevos en el uso de la toga".

Lares no era el nombre de un dios individual, sino el término usado para todos los dioses personales y familiares. Estos dioses velaban por la familia, sus miembros y los espíritus de sus antepasados. Cada día se otorgaban pequeñas ofrendas a los Lares para que pudieran seguir cuidando a sus antepasados muertos y proteger las buenas fortunas de la familia. En los momentos más importantes, se hicieron ofrendas más elaboradas a los Lares, siempre en proporción a la importancia del evento, ya fuera una boda, nacimiento u otra ocasión. Ver "Penates" para averiguar más acerca de otro grupo de dioses protectores. Las ciudades romanas tenían Penates y Lares públicos para protegerlos.

Larunda es la diosa del silencio. Ella es famosa por su belleza y locuacidad. Era tan locuaz que nunca podría guardar un secreto. Cuando Júpiter tuvo una aventura amorosa con una ninfa compañera -la esposa de Jano, Juturna- Larunda le contó a Juno todos los detalles jugosos. Por esta traición del Rey de los dioses a su esposa, Júpiter cortó la lengua de Larunda para que no pudiera volver a hablar, y Mercurio la escoltó al inframundo. Cautivado por su belleza, Mercurio hizo el amor con ella. Para ocultarle a Júpiter su romance con ella, Mercurio la escondió en una cabaña en un bosque donde el Rey de los dioses nunca la encontraría. Los niños que dio a luz se conocieron como los Lares. Ver también Muta y Tácita.

Liber y **Libera** son un par de dioses, masculino y femenino, que representaban la fertilidad. Liber fue especialmente importante en esta sociedad patriarcal como símbolo de la fertilidad masculina, así como la transición personal de un niño a la edad adulta. La adoración de Liber también fue motivo de una festividad muy famosa. Era tan popular que los primeros romanos dedicaron un mes entero a la adoración de este dios. Las celebraciones incluían el símbolo de la fertilidad masculina, un emblema fálico gigante que desfilaban por la ciudad para proteger las cosechas de la temporada actual. Más tarde, Liber fue reemplazado por el equivalente romano del griego Dioniso, Baco. Liber era muy apreciado por los cultos tradicionalistas que deseaban perpetuar las fiestas de sexo salvaje y el raro asesinato de un fiestero que aumentaba la sensación de placer.

Muta es la diosa del silencio. Su nombre significa "el mudo". Véase también Larunda y Tácita.

Ocnos es el dios romano de la tardanza, la vacilación y la frustración; todo tiene que ver con esfuerzos infructuosos, y es el hijo de Tiberino. Lo mantuvieron en el inframundo, condenado para siempre a tejer una cuerda hecha de paja. La soga era devorada por un burro tan rápido como la tejía, simbolizando así la inutilidad sobre la que se le había dado dominio.

Penates, como Lares, no era el nombre de un dios individual, sino un término que se aplicaba a todos los dioses domésticos. Mientras los Lares eran espíritus ancestrales y protectores, los Penates eran dioses de los hogares romanos y guardianes de almacenes y hogares. Las ciudades romanas tenían Penates y Lares públicos para protegerlos.

Pietas es la diosa del deber, la lealtad, la piedad filial y el comportamiento religioso apropiado.

Pomona es la diosa de los árboles frutales, la abundancia fructífera y los huertos. Ella era una ninfa de madera.

Quirino es una adición temprana de Sabina. Él era un dios de la guerra, mucho antes de que los romanos tomaran prestado al griego Ares y lo renombraran como Marte. Más tarde, cuando Marte se convirtió en el dios de la guerra de facto, Quirino se asoció con Rómulo, elevando al legendario fundador a una forma de divinidad. Por lo tanto, Quirino terminó representando a la propia Roma.

Sancus es el dios de la lealtad, la honestidad y los juramentos.

Sors es el dios de la suerte, posiblemente un hijo de Fortuna (ver el capítulo sobre los dioses griegos).

Spes es la diosa de la esperanza.

Tácita es la diosa del silencio. Su nombre significa "el silencioso". Ver también Muta y Larunda.

Tempestes es la diosa de las tormentas y los cambios repentinos en el clima.

Tiberino es un dios del río romano para el río Tíber, que atravesaba la ciudad capital. Al igual que muchas sociedades primitivas, la cultura romana era al menos parcialmente animista, que consideraba que el mundo a su alrededor poseía una naturaleza dual, parte física y parte espiritual. Tiberino es el dios que ayudó a Eneas cuando el troyano llegó por primera vez a Italia. Sugirió qué aliados debían ayudar a Eneas a vencer al celoso Turno, que quería la mano de Lavinia en matrimonio. Tiberino también rescató a Rhea Silvia después de su encarcelamiento en el convento. Tuvo un hijo llamado Ocnos con una adivina griega llamada Manto. Cada 27 de mayo, los ciudadanos crean una efigie de paja y la arrojan al río Tíber para apaciguar a Tiberino.

Tranquillitas es la diosa de la paz, la calma, la seguridad y la tranquilidad. Sus cualidades son la encarnación de la Vía Romana (Vía Romana) y la justificación para que Roma venza, supere y civilice el mundo que los rodea.

Trivia es la diosa de la magia, la brujería y la hechicería. A menudo frecuentaba cementerios y encrucijadas embrujadas. Solo perros ladrando podían verla mientras deambulaba de noche.

Las Criaturas de la Mitología Romana

Los romanos no contribuyeron mucho en el camino de las criaturas mitológicas. Sus intentos de crear estas criaturas para su mundo mitológico parecen débiles en comparación con los esfuerzos de los griegos.

Achlis es una criatura parecida a un alce con un labio superior tan grande que la criatura pastaba hacia atrás para evitar el labio que cubría su boca. Además, las patas traseras de Achlis no tienen articulaciones, por lo que no puede sentarse, y permanece de pie mientras duerme. Se le solía encontrar apoyado contra un árbol mientras descansaba. Los cazadores aprovecharon este defecto cortando la mitad del árbol contra el cual se apoyaba la criatura. Cuando el peso de la criatura obligaba al árbol a caerse, la criatura no podía levantarse lo suficientemente rápido como para escapar de los cazadores.

Cacus es un gigante que respiraba fuego y aterrorizaba a las personas que vivían alrededor del Monte Aventino antes de que Roma fuera construida. Cacus es un hijo de Vulcano que amaba comer carne humana. Fue asesinado por Hércules (griego Heracles).

Caladrius es un pájaro blanco como la nieve que vivía en la casa del rey. En el mito griego, este pájaro se llama Dhalion. El ave benefició a la casa del rey, ya que servía para absorber la dolencia de cualquier persona que cayera enferma.

Fauno es mitad humano y mitad cabra. La mitad superior es humana a excepción de los cuernos en su cabeza. A veces, los faunos ayudarían a los humanos; en otras ocasiones, los obstaculizarían. A veces se confunden con los sátiros griegos.

Genius es similar al Demonio griego: una divinidad generalizada asociada con cada persona individual. A veces, esta criatura se compara con el alma. Cada lugar también tenía un espíritu o alma: el genius loci, o espíritu de un lugar.

Lemures son espíritus vengativos que no han sido enterrados adecuadamente. Se manifestaban como una oscuridad sin forma y horrible.

Strix son aves de mal agüero que se alimentaban de la carne y la sangre de los hombres. Tienen el pico largo, son de color dorado, con garras negras y ojos redondos y amarillos. También amamantaban a sus crías, lo que indica que quizá fueran murciélagos y no pájaros.

Roca Tarpeya es un objeto en la leyenda romana que creó una justa cantidad de horror en la mente de sus ciudadanos. Todos los traidores romanos fueron arrojados desde esta roca hasta su muerte.

Como ya hemos mencionado, los romanos no eran imaginativos cuando se trataba de crear criaturas mitológicas. En el capítulo sobre los dioses griegos, también veremos algunas de las criaturas mitológicas griegas adoptadas por los romanos.

Capítulo 4 – Préstamos de Etruria

"De acuerdo, eres tan inteligente", dijo Kutu Lausa, "cuéntanos por qué nuestra capital recibió el nombre de Menrva Velzna, pero los griegos lo entendieron mal y pensaron que se llamaba Palas Atenea". Se llevó la taza a la boca y tomó otro trago de vino.

Tarquin Pulenas entrecerró los ojos, sostuvo su copa en lo alto durante un momento reflexivo, y luego tragó el resto del vino. Ramtha, su esposa, rápidamente volvió a llenar su taza.

Inclinándose hacia adelante, Tarquin miró a su huésped y respondió: "Sí, soy inteligente, pero también muy consciente de nuestras historias compartidas. Menrva dejó la capital de Pos -la ciudad principal- llevándose consigo a cientos de compañeros refugiados. También llevó consigo el conocimiento de una sociedad madura, los elementos del tejido, la fabricación de muebles, la construcción naval, la pesca y otras cosas básicas para el arte de la civilización. Ella estaba totalmente equipada con los armamentos para proteger a su frágil grupo, y establecieron su puesto de avanzada en la isla de Sherden, al otro lado del mar de Rasna. Nosotros, Rasenna, somos descendientes directos de aquellos que siguieron a Menrva".

"Cuando ella construyó su capital, usó toda su sabiduría para restablecer los cimientos de la civilización.

Su amado, quien creía que había sido asesinado, estaba realmente vivo y se unió a ella para construir su capital. La gente estaba tan feliz de que su salvadora se beneficiara de su propia felicidad, que pidieron que se nombrara a la ciudad en su honor".

"En el lenguaje de entonces, las ciudades se llamaban 'pels'. Y, debido a que su nombre era Atón, la ciudad recibió el nombre, Pel es Atenai - Ciudad de Atón".

"Pero espera", dijo Kutu, "ese nombre suena algo egipcio".

"Muy bien, mi amigo", respondió Tarquin. "No era egipcio, pero debido a que Menrva y Atón se hicieron amigos de los egipcios contra el Sett, el nombre de Atón llegó a sus leyendas".

"Para continuar, mucho tiempo después Pel es Atenai había sucumbido a los mares crecientes, los hijos de los refugiados de Menrva se extendieron por todo el mundo, y algunos se establecieron en lo que hoy es la patria griega. Kekropna era un general de nuestra gente, y condujo a sus hombres a sentarse en la Acrópolis de Atenas mucho antes de que recibiera ese nombre. Allí, debatieron sobre cómo nombrar a su nueva ciudad. Pero mira, el foco estaba en el nombre de una ciudad, no en una persona".

Kutu asintió y se mordió el labio inferior pensativamente.

"Bien, ahora mira este hecho: Pel es Atenai se parece mucho al nombre que estos griegos ignorantes modernos, le atribuyen a su diosa, Palas Atenea, prestado de nosotros, aunque creen que originaron la leyenda. Vino de nosotros a través del general Kekropna. Pero, de nuevo, estaban nombrando no una persona, sino una ciudad. Entonces, le dieron el nombre de una ciudad: Pel es Atenai".

"Debatieron entre Atenai y otra gran ciudad llamada Pos. En ese momento, habían combinado dos ciudades que tenían buenas relaciones, incluso hasta el momento de Menrva -Pos y Onn- pero las dos ciudades ni siquiera estaban cerca de la misma ubicación. Más tarde, debido a la naturaleza de Pos, usaron su nombre para su dios del mar -Poseidón- Pos y Onn".

"Así que, finalmente, nuestra capital fue nombrada Velzna- Apellido de Menrva en la antigua patria hacia el sol poniente. Nuestra gente había dejado esta área a una edad más temprana, marchándose hacia Anatolia. Pero después de que nuestra capital allí fuera destruida por los griegos, regresamos a nuestra antigua patria para comenzar de nuevo".

Kutu tomó otro sorbo y negó con la cabeza. "Eso está muy bien, y te agradezco que me hayas descubierto muchas de las piezas del puzle que me faltaban, pero también he oído que el amante de Menrva se llamaba, en realidad, Apolo en lugar de Atón".

Tarquin se rio con tanta fuerza que el banco sobre el que se sentaba tembló y se estrelló contra el suelo. Después de un momento, recuperó la compostura lo suficiente como para volver a hablar.

Primero, levantó la mano derecha para evitar cualquier interrupción y tomó otro sorbo de vino de la copa que tenía en su mano izquierda. Nuevamente, se rio suavemente y luego habló. "Sí, también he escuchado eso. Y es verdad. Sin embargo, Menrva fue fiel a su Atón hasta el final. Algunos de los jóvenes de hoy condenan esta noción de ella teniendo una relación amorosa con este otro tipo, Apolo - dios del sol. Pero es bastante simple".

"En Egipto, Atón era el dios del sol. Y en su propia tierra, para distinguir a Atón de la ciudad después de la cual fue nombrado, los ciudadanos le dieron un apodo, un nombre que significaba literalmente "no el pel", ¿puedes adivinar?"

Kutu negó con la cabeza lentamente, sin saber cómo responder. "¿Apolo?", preguntó débilmente.

Tarquin se rio de nuevo. "Sí, mi amigo. A-pel-u-no el pel. También era Apolo, dios del sol, poesía, profecía, medicina y agricultura".

Ahora, fue el turno de Kutu para reírse. Y lo hizo, sacudiendo la cabeza. "Es increíble lo simples que son las cosas cuando conoces toda la historia detrás de todos los diversos detalles escondidos tras el legado en una familia de Rasenna u otra. Muy bien. Muy bueno de verdad".

De Rasenna

Los romanos los conocían como etruscos y llamaron a su tierra Etruria. Hoy se llama Toscana. Los griegos los llamaron tirrénicos, el nombre utilizado para el mar situado al oeste de Roma. Los mismos pueblos eran conocidos como Rasenna o Rasna.

Los siguientes son algunos dioses y diosas que recorrieron su camino desde el panteón etrusco hasta el de los romanos.

Libitina se cree que es una diosa etrusca de la muerte, los cadáveres y los funerales. Algunos eruditos creen que el nombre proviene de la raíz etrusca, lupu-, que significa "morir".

Minerva (Menrva etrusca) es la diosa de la sabiduría que asumió los rasgos y la historia de la diosa griega Palas Atenea. Al igual que ocurrió con Atenea, Minerva nació de la cabeza de Júpiter (Zeus) después de que el Rey de los dioses se hubiera tragado a su madre, Metis.

Orcus es el dios del inframundo y castigaba a aquellos que no cumplían sus juramentos. Más tarde, los romanos fusionaron a Orcus con Dis Pater, y luego los suplantaron con Plutón. Orcus proporcionó la inspiración para los orcos de Tolkien en su trilogía "El señor de los anillos".

Volturno es el dios del agua y el río Tíber. Su festival se celebra tradicionalmente el 27 de agosto.

Capítulo 5 - Influencia del Panteón Griego

Flavius Secundus Iulius miró a su padre y frunció el ceño. Después de sacudir la cabeza durante varios segundos, preguntó: "¿Por qué es, padre, que tantos de nuestros dioses suenan como dioses griegos? No los nombres. No, eso sería tonto. Pero sus descripciones, sus atributos y logros. Comparando griego con romano, suenan como los mismos dioses, pero con diferentes nombres".

Su padre miró los grandes ojos azules y los rizos rubios de su hijo y sonrió. Extendió la mano y acarició sus rizos, luego le guiñó un ojo.

Marcus Quintinus Iulius se volvió hacia la cortadora de arado que había estado afilando y continuó mejorando la cuchilla con una piedra afiladora.

"¿Entonces?" dijo Flavius, sonando más a una demanda que a una pregunta.

"Paciencia, hijo mío", respondió, deslizando la piedra sobre la cuchilla. "Estoy pensando en la respuesta correcta. Eres sabio para hacer esa pregunta, pero no todas las respuestas serán tan fáciles de entender".

Flavius respiró hondo, soltó aire y dijo: "Sí, padre".

Los hombros caídos y la boca baja del niño le revelaban a su padre que el muchacho no estaba contento de ser paciente. Pero incluso cuando el padre había formulado una respuesta, se la guardó para sí mismo durante varios segundos más.

"¿Recuerdas la caza?", preguntó Marcus. "Cuando no tienes paciencia..."

"... No se puede atrapar la caza", repitió Flavius la muy gastada lección. Levantó los hombros y los dejó caer de nuevo, esta vez obligándolos a retroceder. Se sentó más erguido y obligó a sus labios a sonreír. "Sí, padre".

Marcus se rio, un sonido profundo y redondo que hablaba de su placer y amor por su hijo. "Si estás en una multitud y alguien de tu edad llama 'Iulius', ¿responderías?"

"Posiblemente", dijo, lentamente, "si yo fuera el único Iulius alrededor".

"Y", continuó el padre, "si alguien más gritara, 'Flavius', ¿también les responderías?"

"En la ciudad, sospecho que sí", respondió, "ya que soy el único Flavius que conozco".

"Es razonable". Le dio a su arado un barrido más con la piedra de afilar, miró el borde con cuidado y luego dejó el arado y la piedra a un lado. Se giró para mirar a su hijo directamente. "Entonces, responderías a dos nombres diferentes. ¿Y no tienes un apodo?"

"¡Padre! Por supuesto que sí. Lo has usado muchas veces".

"Sí. Y es uno bueno -Lex- que significa ley o legal. A menudo suenas como un legislador, con tu lógica. Estoy orgulloso de ti, hijo".

Flavius asintió y miró hacia otro lado, repentinamente distraído por su madre terminando la preparación para la cena.

"Entonces, Flavius Secundus Iulius Lex, tienes varios nombres que cualquiera podría usar para llamar tu atención".

"Sí, padre. Incluso Secundus, en ocasiones".

"Muy bien. Ahora, los dioses son muy reales. Nos han hecho conocer su presencia, a los griegos, a los etruscos y a muchos otros, y también tienen muchos nombres. Para los griegos, el fundador de nuestra familia tenía la sangre de Afrodita fluyendo por sus venas. Nosotros ahora la llamamos 'Venus'. La diosa es la misma. Simplemente los diferentes pueblos utilizan diversos nombres para referirse a ella".

Flavius asintió lentamente, luego saltó de su taburete. De repente, comenzó a caminar de un lado a otro, con las manos fuertemente apretadas detrás de su espalda. Después se detuvo y se acarició la barbilla, sosteniéndose el codo con la otra mano, como había visto hacer a muchos senadores en la capital. "Entonces, Minerva es Atenea; Júpiter es Zeus; Juno es Hera; Neptuno es Poseidón, y Vulcano es Hefesto".

Su padre asintió lentamente y con un movimiento superficial, pero cierto. "Puede que no entendamos todo lo que hacen los dioses, pero si defendemos las diecinueve virtudes, eso es lo máximo que los dioses o cualquier hombre pueden esperar de nosotros".

De los griegos

Muchos de los dioses que fácilmente reconocemos como romanos puede que hayan sido los primeros dioses romanos, pero tenemos poca documentación sobre ellos. Casi todo lo que sabemos sobre los siguientes dioses romanos se ha entremezclado con las historias y los rasgos de sus homólogos griegos.

Júpiter (Zeus) es el rey de los dioses: Dios del cielo, del rayo y del trueno. Él es el dios patrón del estado romano. Su apodo era Jove.

Juno (Hera) es la reina de los dioses, esposa y hermana de Júpiter, hermana de Neptuno y Plutón, y protectora del estado romano. El mes de junio fue nombrado después de ella.

Minerva (Atenea) es la diosa de la sabiduría. Originalmente era una diosa etrusca, pero recibió virtualmente todos los atributos que poseía Atenea, aquellos que ella no poseía ya en el mito etrusco.

Neptuno (Poseidón) es el dios del mar, los caballos y los terremotos.

Plutón (Hades) es el dios del inframundo y el gobernante de los muertos.

Caelus (Uranus u Ouranos) es el dios de los cielos.

Saturno (Cronos) es el dios del tiempo y las cosechas.

Vesta (Hestia) era la diosa virgen de la casa, hogar y la familia.

Apolo (Apolo), hijo de Júpiter y Leto, hermano gemelo de Diana, y dios de la música, arquería, curación, luz, verdad y profecía. Él fue el responsable de atrapar el sol en el cielo.

Baco (Dionisio) es el dios de la vendimia, la viticultura, el vino, la fertilidad, el teatro, el éxtasis religioso y la locura ritual. Sus seguidores eran muchos, debido al gancho emocional y de drogas, del consumo de alcohol y la agradable juerga de la fiesta.

Ceres (Deméter) diosa del grano, agricultura, cultivos, iniciación, civilización. Ella es la protectora de la maternidad, las mujeres y el matrimonio.

Cupido (Eros) es el dios del deseo, la atracción, el afecto y el amor erótico.

Diana (Artemisa) es la diosa de la fertilidad, la luna, la caza, la naturaleza, el parto, los bosques, los animales, las montañas y las mujeres. Ella es guardiana de las criaturas.

Discordia (Eris) es la diosa de la discordia y el conflicto. Fue por ella que ocurrió la Guerra de Troya, y Eneas terminó en Italia.

Hércules (Heracles) es un semi-dios o héroe divino que tenía una fuerza increíble y usó sus habilidades únicas en muchas misiones increíbles.

Latona (Leto) es una diosa, hija de los Titanes Ceo y Febe, consorte de Zeus y madre de los gemelos Apolo y Artemisa. Debido a que Juno (Hera) estaba extremadamente celosa de las novias de su esposo y sus hijos, la reina de los dioses prohibió que cualquier tierra recibiera a Latona para que pudiera dar a luz. Finalmente, encontró una isla que no estaba unida al fondo del mar - técnicamente no "tierra" - y dio a luz a los gemelos divinos.

Marte (Ares) fue, desde el principio, el dios de la agricultura, pero luego asumió las responsabilidades como el dios de la guerra. Él es también el padre de Rómulo y Remo, fundadores de Roma.

Mercurio (Hermes) es un dios con muchas responsabilidades, que incluyen el comercio, las ganancias financieras, los mensajes, la comunicación, la elocuencia en la comunicación, la poesía, adivinación, los viajeros, las fronteras, los robos, los engaños y la suerte.

Proserpina (Perséfone) es la diosa del grano y la reina de los muertos. Ella es la hija de Ceres. Fue secuestrada por Plutón y obligada a vivir en el inframundo durante una parte del año. Tenemos estaciones debido a que todo moría en la tierra cuando ella se encontraba en el inframundo.

Venus (Afrodita) es la diosa del amor mortal. Según el mito, ella nació de la espuma del mar creada por los genitales cortados de Urano, que su hijo Crono arrojó al mar.

Vulcano (Hefesto) es el dios del fuego y la metalurgia. Se le puede ver frecuentemente con el martillo de herrero. De hecho, cuando Júpiter sufrió un dolor de cabeza enloquecedor, años después de haberse tragado entera a Metis, Vulcano usó su martillo para golpear a Júpiter en la cabeza, dividiendo así el cráneo del rey y permitiendo que Minerva saliera, completamente adulta (madura) y con sus armas preparadas.

Dioses y Diosas Menores

Los siguientes dioses y diosas menos conocidos eran la versión romana de la deidad griega.

Esculapio (Asclepio) es el dios de la salud y la medicina.

Aurora (Eos) es la diosa del amanecer.

Concordia (Harmonia) es la diosa del acuerdo en el matrimonio y la sociedad. Se asociaba frecuentemente con Pax ("paz") y, por lo tanto, siguió siendo un símbolo de una sociedad estable.

Fama (Feme) es la diosa de la fama y el rumor. Si disfrutabas de su lado más benévolo, recibías renombre y notoriedad. Si alguna vez la hacías enfadar, era más probable que estuvieras plagado de escandalosos rumores.

Fauno (Pan) es el dios cornudo de los animales, bosques, llanuras y campos. Su esposa se llamaba Fauna y tenía atributos similares.

Flora (Cloris) es la diosa sabina de las flores y la primavera.

Formido (Deimos) es el dios del horror o terror. Ver también Timorus. Tanto Formido como Timorus utilizaron sus versiones griegas como los nombres de las dos lunas del planeta Marte. Después de todo, el horror y el temor son dos emociones comunes que se sienten durante la guerra, y Marte era su representación.

Fortuna (Tique) es la diosa de la fortuna y la suerte. Es similar a Felicitas, pero la suerte que viene de Fortuna a veces puede ser muy negativa.

Hespera (Hespérides) es la diosa del anochecer. En la mitología griega, este nombre se refiere a un grupo de ninfas nocturnas y la luz dorada del atardecer.

Envidia (Némesis, Ramnusia o Adrasteia ["lo inevitable"]) es la diosa de la venganza, la envidia, los celos y el castigo, especialmente contra aquellos que imprudentemente se volvieron arrogantes y demasiado seguros de sí mismos sin humildad ante los dioses.

Iris (Iris) es la diosa del arcoíris y una mensajera de los dioses.

Justitia "Dama de la Justicia" (Temis o Dice) es la diosa de la justicia.

Luna (Selene) es la diosa de la luna. En la mitología romana, tanto Juno como Diana eran consideradas diosas lunares, y algunas veces "Luna" no se usaba como una diosa separada, sino como un epíteto aplicado a las multitalentosas Juno y Diana.

Maia (Maia) es la diosa del crecimiento y la más antigua de las siete hermanas de las Pléyades.

Necessitas "Necesidad" (Ananké) es la diosa del destino, la necesidad, la compulsión y la inevitabilidad.

Opis (Rea) es la diosa de la fertilidad, llamada así por la diosa sabina Ops. Se decía que era la esposa de Saturno y la madre de los principales dioses romanos: Júpiter, Neptuno, Plutón, Juno, Ceres y Vesta.

Pax (Irene) es la diosa de la paz.

Portunes (Palemón) es el dios de las llaves, puertas, puertos y ganado. Algunos eruditos creen que también pudo haber estado asociado con los almacenes donde los romanos almacenaban su grano. La conexión con los puertos probablemente proviene de la similitud entre las palabras latinas "portus" (puerto) y "porta" (puerta o compuerta). Los puertos eran, después de todo, puertas de entrada al mar.

Sol (Helios) es el dios del sol. Una forma temprana de este dios se llamaba Sol Indiges. La forma posterior, Sol Invictus ("sol invicto"), parece provenir de las influencias mitraicas durante el Imperio romano, especialmente después del 274 d.C.

Somnus (Hipnos) es el dios del sueño.

Timorus (Fobos es el dios del miedo o el horror. Ver también Formido. Tanto Formido como Timorus utilizaron sus versiones griegas como los nombres de las dos lunas del planeta Marte. Después de todo, el horror y el temor son dos emociones comunes que se sienten durante la guerra, y Marte era su representación.

Veritas (Aletheia) es la diosa de la virtud y la verdad.

Victoria (Nike) es la diosa de la victoria.

Voluptas (Hedoné) es la diosa del deleite y del placer sensual.

Criaturas Griegas Adoptadas por los Romanos

La siguiente es una lista de muchos de los monstruos más conocidos y otras criaturas del mito romano, centrándose en aquellos importados de los griegos.

Águila del Cáucaso es un ave grande que estaba destinada a comer el hígado de Prometeo todos los días mientras estaba encadenado a una de las montañas del Cáucaso.

Centauro es mitad caballo y mitad hombre. En efecto, tenía dos torsos y seis extremidades. La mayoría de los centauros del antiguo mito eran salvajes y sin educación, pero Quirón era un centauro sabio que enseñó a muchos de los legendarios héroes griegos.

Cerberus es un perro de tres cabezas que protegía las puertas de Hades.

Caribdis es un enorme remolino en un estrecho paso entre la isla de Trinacria (Sicilia) y la península continental (Italia). Este estrecho paso era peligroso para los barcos. Si un barco quedaba situado demasiado cerca de un lado, podía ser tragado por Caribdis. Si se acercaba demasiado al otro lado, su tripulación podía ser arrebatada por el Escila.

Quimera es una criatura compleja e híbrida que combina el cuerpo entero de un león con el cuello y la cabeza de una cabra que sale de la mitad de su espalda, y una cola con una cabeza de serpiente en su extremo.

Dragón de la Cólquida es una criatura reptil feroz que tenía una cabeza y un cuerpo similar a una serpiente, además de alas y pies. Estaba en los jardines de Cólquida custodiando el vellocino de oro. Finalmente fue derrotado por Jasón y sus Argonautas con la ayuda de la princesa cólquida, Medea.

Cíclopes son criaturas gigantes de forma humana, pero con un solo ojo en el centro de cada una de sus frentes. Había dos grupos de estas criaturas. La relación entre estos grupos sigue siendo desconocida. Un conjunto de tres cíclopes nació en Caelus (Urano) y Terra (Gaia). Fueron encarcelados en el inframundo, pero fueron rescatados y liberados por Júpiter. Estaban tan agradecidos que les hicieron tres regalos a Júpiter y sus dos hermanos. Para Júpiter, crearon un rayo. Para Neptuno, crearon un tridente mágico. Y para Plutón, martillaron un casco que le concedía invisibilidad al portador. Los otros cíclopes eran hijos de Neptuno. El cíclope más famoso de este grupo fue Polifemo, que se comió a algunos de los hombres de Odiseo y luego fue cegado por Odiseo y sus compañeros sobrevivientes.

Equidna es una diosa que era mitad mujer y mitad serpiente. Ella es la esposa de Tifón y la madre de muchos monstruos.

Gorgonas son tres hermanas monstruosas que a veces se representan con alas. Esteno y Euríale eran inmortales, pero Medusa no (véase también Medusa).

Grayas es un grupo de tres brujas que compartían un solo ojo a través del cual poseían vista psíquica y clarividente. El semidiós griego Perseo les consultó cuando estaba en su cruzada.

Hidra de Lerna (también llamada Hidra Lernaean, o simplemente Hidra). Esta es una serpiente de muchas cabezas, hija de Tifón y Equidna. Algunas versiones del mito incluyen la habilidad de la criatura de regenerar dos cabezas por cada corte. Tanto su aliento como su sangre eran venenosas.

Medusa es una de las monstruosas Gorgonas. Debido a que Neptuno había violado a Medusa en el templo de Minerva, la diosa de la sabiduría condenó a Medusa con una maldición especial que convirtió su cabello en serpientes venenosas y vivientes y su mirada en una que podría convertir a los hombres en piedra.

Minotauro tiene la cabeza de un toro y el cuerpo de un hombre. Vivía en un laberinto debajo del palacio minoico. Fue asesinado por Teseo, el héroe ateniense e hijo ilegítimo del rey.

León de Nemea no podía ser asesinado por hombres mortales o sus armas. Su pelaje dorado era impermeable a las cuchillas comunes. Sus garras eran fuertes y lo suficientemente afiladas como para cortar a través de la armadura, convirtiendo a la criatura en un oponente peligroso y formidable. Él es el descendiente de Tifón y Equidna. Hércules encontró al León de Nemea viviendo en una cueva con dos entradas. Bloqueó una entrada y luego entró por la otra para enfrentarse al monstruo. En la oscuridad, agarró a la criatura y, con su gran fuerza, aplastó el cuello del león, estrangulándolo. Para obtener pruebas de su conquista, Hércules intentó desollar al león con su cuchillo y luego con una roca afilada, pero ninguno funcionó. Minerva vio su forcejeo y le dijo que usara una de las garras del león para desollar a la bestia, lo cual funcionó.

Escila es un monstruo con seis cuellos largos, cada uno equipado con una cabeza horrible con muchos dientes afilados. Sus padres eran Tifón y Equidna. Se colocó en una orilla del estrecho paso entre la isla de Trinacria (Sicilia) y la península continental (Italia), lo cual representaba un peligro para los marineros. El estrecho era peligroso para los barcos, porque si un barco se acercaba demasiado a un lado, su tripulación podía ser capturada por el Escila. Si se acercaba demasiado al otro lado, podía ser tragado por Caribdis (ver Caribdis también).

Esfinge es una criatura con la cabeza de una mujer, el cuerpo de un león y las alas de un águila. Ella bloqueaba el camino a los viajeros haciendo que respondieran uno de sus enigmas. Si respondían incorrectamente, ella los devoraría. Cuando el héroe trágico griego, Edipo, se encontró con la Esfinge, el acertijo que la mayoría de fuentes citan fue el siguiente: "¿Qué es aquello que en la mañana va sobre cuatro pies; sobre dos pies en la tarde; y en la noche sobre tres?" Edipo se dio cuenta de que solo un hombre hace estas cosas: primero gateando a cuatro patas cuando es un bebé, luego camina en dos piernas como un adulto y, finalmente, usa un bastón como un anciano. La Esfinge estaba tan conmocionada al ver que alguien había respondido el enigma correctamente que se devoró en su angustia.

Tifón es el hijo de Terra (Gaia) y Tártaro (Tartarus). Él es el padre, junto con Equidna, de muchos monstruos. Desafió a Júpiter por el dominio sobre el universo, después de que Júpiter y sus compañeros dioses hubieran derrotado a los Titanes.

Capítulo 6 - Popurrí Celta

Boudica (30-61 d.C.) es una mujer de mediana edad de sangre noble y que fue perjudicada por el Imperio romano.

Su difunto esposo era el Rey de los Iceni en Britania. Cuando murió, dividió su reino en tres partes lideradas por sus dos hijas y el emperador romano. Pero los romanos ignoraron su voluntad porque creían que a las mujeres no se les debía permitir poseer propiedades.

Cayo Suetonio Paulino, el gobernador romano de las propiedades británicas del Imperio, simplemente anexó el territorio de Iceni. Cuando Boudica protestó, fue azotada y sus hijas fueron violadas.

Pero ahora, el gobernador Paulino estaba fuera, reclamando un nuevo territorio para el Imperio frente a la costa de Gales.

Respaldando a Boudica había una fuerza de más de 100.000 hombres y mujeres, de su propia tribu, de los trinovantes y de muchos otros.

Se secó el labio superior cuidadosamente con el dorso de su mano. El esfuerzo y este verano sofocante la hacían sudar profusamente. Britania durante el período cálido romano era mensurablemente más calurosa que en los tiempos modernos. Tocó ligeramente el torque de oro envuelto alrededor de su cuello, un símbolo de la autoridad real entre su gente. El anillo rígido del cuello estaba intrincadamente decorado con símbolos que representaban a los espíritus. En el frente de su torque, donde se unen los dos extremos, uno de los extremos estaba grabado con la imagen diminuta de tres mujeres: el máthair o matrona. El otro extremo tenía grabado una pequeña imagen de Epona: la diosa del caballo y la diosa de la fertilidad.

Ella no debería tener que luchar para restaurar el derecho de nacimiento de sus dos hijas, pero los romanos patriarcales las habían engañado. Sin embargo, aquí estaba ella, dirigiendo un ejército masivo hacia Londinum, un asentamiento de tan solo 20 años. Sus fuerzas destruyeron Camulodunum, un asentamiento romano que fue reconstruido y llamado Colchester.

Ella miró hacia atrás cuando oyó acercarse a alguien. El anciano era Haerviu, con demasiados años como para hacer honor a su nombre, "digno en batalla". Era su consejero y, sorprendentemente, había sobrevivido a la guerra hasta el momento.

Lugubelenus era un joven impetuoso que ya había hecho varios avances contra una de sus hijas y se creía un líder. Lo que le faltaba en sabiduría lo compensaba con habilidades feroces como guerrero y una profunda humildad hacia los dioses.

Teutorigos fue el último en llegar. Su nombre significaba "gobernante de la gente" y tenía un gran potencial pero poco interés en tal poder. Su estilo de humildad no era del tipo correcto, sino más bien una débil falta de ambición. Un celta digno necesitaba mantener una fuerte confianza, pero con una profunda humildad hacia los dioses y sus leyes.

"Por Epona", susurró en voz alta. "¿Qué has encontrado?"

"Londinium está vacío", respondió Teutorigos en voz baja. "Lo han abandonado".

"Aparentemente, no pensaron que sus fuerzas auxiliares pudieran mantener el asentamiento", dijo Haerviu. "Sinceramente, creo que los mentirosos simplemente cambiaron de parecer y decidieron respetar la voluntad de su supuesto amigo, el difunto rey".

"Deberíamos quemar el asentamiento, no obstante". Lugubelenus miró a Boudica y levantó un poco la barbilla.

"Por una vez, estoy de acuerdo con Lugubelenus", respondió Boudica. "Castigar a estos ladrones de todas las formas que podamos, pero lo más importante, obligarlos a perder tiempo reconstruyendo, si desean conservar este Londinum. Si los dioses nos sonríen, tal vez los romanos se den cuenta de que mantener esta isla es demasiado problema".

"Que Cernunnos nos guíe", dijo Haerviu. "No hacemos estas cosas por nuestras propias necesidades egoístas, sino por el bien mayor del mundo natural, del cual somos parte".

"Bien dicho, como siempre, Haerviu", respondió Boudica. "Que las tres madres nos protejan en lo que estamos a punto de hacer. Teutorigos, envía a nuestros exploradores al oeste. Asegúrate de que el gobernador no nos sorprenda. Lugubelenus, lleva diez mil hombres a Londinum y enciéndelo".

"Sí, mi reina", dijo Lugubelenus.

A pesar de sus éxitos hasta el momento, Boudica temía en secreto al poder romano. Con un imperio tan vasto y organizado, su gente podría verse abrumada fácilmente por sus millones. Ella oró a los dioses para que su pueblo prevaleciera. Pero a veces la oración no era suficiente.

Las Conquistas Romanas de los Celtas

Los romanos siguieron corriendo hacia los pueblos celtas, desde Galia y Britania hasta Ilírico y Galacia. La expansión romana entrañó un enfrentamiento con los celtas en casi todos los frentes durante más de tres siglos.

Las **Matres** y las **Matronas** fueron veneradas en la mayor parte del mundo celta durante todo el período del Imperio romano. Casi siempre fueron representadas en altares y ofrendas votivas como un grupo de tres diosas: las diosas de la "madre". Estos seres divinos eran similares en algunos aspectos al dísir y las valkirias de la mitología nórdica, así como también a las Parcas de la mitología griega. Dea Matrona significa "divina madre diosa" y este nombre a veces se usaba en lugar de Matres y Matronas. Dea Matrona también fue el nombre de origen del río Marne en Galia.

Teutates es considerado un protector tribal para los celtas de Galia y Gran Bretaña. En la Britania romana, los anillos con las iniciales "TOT" eran comunes y se pensaba que se referían al dios Teutates. Algunos estudiosos creen que los romanos asociaron a Teutates con el propio Mercurio. De hecho, Julio César dijo que "Mercurio" era su dios más estimado y que las imágenes de él se podían encontrar en todo el territorio celta. Al céltico "Mercurio" se le atribuyeron las funciones de "inventor de todas las artes", protector de mercaderes y viajeros, y el dios preeminente para todo lo relacionado con las ganancias comerciales. Teutates podría haber sido un miembro de un dios trino llamado Lugus.

César estudió intensamente a los celtas porque quería conquistarlos. También mencionó que los celtas de la Galia le rendían homenaje a Apolo porque los libró de enfermedades. Honraban a Marte, que gobernó sobre todas las cosas de la guerra. Reverenciaban a Júpiter, quien supervisó los cielos. Y honraban a Minerva, que siguió siendo patrona de las artesanías. Julio César también mencionó que los galos celtas todos afirmaban ser descendientes de Dís Pater, que era un dios romano del inframundo. Probablemente lo que quiso decir fue que los galos decían ser descendientes de un dios que se parecía a Dís Pater de alguna manera, tal vez un dios subterráneo asociado con la prosperidad y la fertilidad.

Aerecura (ver Erecura).

Aisus (ver Esus).

Alaunus es un dios de la curación y la profecía, que son dos de los rasgos que posee Apolo, tanto en los panteones griegos como los romanos.

Alisanos puede haber sido un dios de la montaña o puede haber estado relacionado con el árbol Alnus.

Andarta es una diosa guerrera con evidencia de su culto en Berna, Suiza y en el sur de Francia.

Anextiomaro (forma femenina, Anextiomara) ha sido asociado con el dios romano Apolo, con dedicatorias encontradas en toda Francia y Suiza.

Artio es una diosa del oso. Su adoración se centró en Berna, Suiza.

Aveta es una diosa madre venerada en una región que incluye partes de Francia, Alemania y Suiza.

Belenus es un dios del sol, asociado con los caballos, y se cree que cabalga por el cielo en un carro tirado por caballos y tirando del sol. Su consorte es la diosa celta Belisama, que se asocia frecuentemente con Minerva.

Borvo es un dios involucrado en la curación, minerales y agua de manantial burbujeante. Cuando se asociaba con un dios romano, Borvo siempre estaba emparejado con Apolo.

Brigantia está asociada con la Victoria romana y sigue siendo un afín con la Brigit irlandesa.

Camulos es otro dios celta asociado con Marte. En una talla de piedra se le ve retratado con una corona de roble. En otro lugar se le muestra con una cabeza de carnero con cuernos. Es posible que su nombre fuera la base de Camelot, la ciudad legendaria de la fama del Rey Arturo. Se han ofrecido muchas teorías sobre la posible realidad del Rey Arturo, pero no hay forma de verificarlas con las pruebas actuales.

Cathubodua es una diosa celta y posible afín del irlandés Babd Catha. Su nombre significaba "cuervo de batalla". Varias diosas comparten la misma raíz, que significa "victoria" o "lucha". Debido a esto, sería comparable a las diosas de otras culturas: Victoria (romana), Nike (griega) y Sigyn (nórdica).

Cernunnos es un dios con cuernos de la vida, la fertilidad, la riqueza, los animales y el reino del inframundo. Él se muestra con cuernos de ciervo, a veces cargando un monedero. La mayoría de las veces se le ve sentado con las piernas cruzadas. También se muestra usando torques o sosteniéndolos en sus manos.

Cicolluis es el dios de la fuerza "Gran Pecho", asociado con Marte. Este dios a veces ha sido asociado con Cichol Gricenchos del mito irlandés celta.

Cissonius es otro dios celta asociado con Mercurio. Al tratar de entender su nombre, los lingüistas lo han interpretado como "conductor de carro" o "valiente". Debido a esto, sospechan que es un dios del comercio y protector de los que viajaban. Por lo tanto, la asociación con Mercurio parece ser una buena opción. También hay una pequeña nota de una diosa llamada Cissonia, pero la relación con este dios es desconocida.

Condatis -un nombre que significa "las aguas se encuentran"- es un dios celta relacionado con los ríos, especialmente el punto donde se juntan. Él está asociado con el dios romano Marte, probablemente a través de sus poderes curativos divinos.

Damona es una diosa celta. Según un erudito, su nombre significa "vaca divina", del celta "damos", que significa "vaca". En dos regiones diferentes, fue vista con un consorte divino distinto: Apolo Borvo en una y Apolo Moritasgus en otra.

Epona es una diosa de la fertilidad, además de protectora de caballos, ponis, burros y mulas. En la ortografía romana a veces aparecía como Hippona. Ella era una de las diosas más adoradas de entre todos los demás dioses. Algunos eruditos sienten que ella pudo haber estado asociada con los muertos, llevándolos al "otro mundo" en un poni. Se han encontrado pruebas de su culto en Gran Bretaña, en toda la Galia, en la Alemania moderna y en las provincias romanas del río Danubio. Una inscripción en Alemania fue hecha por alguien de la región de la antigua Siria.

Erecura (también escrito Aerecura) es una diosa celta asociada con la diosa romana del inframundo, Proserpina (Perséfone griega). Se han encontrado evidencias de su culto en la Bélgica moderna, el sureste de Francia, el suroeste de Alemania, el este de Austria, el noreste de Italia y el centro de Rumanía. Junto con sus símbolos del inframundo, a ella se le ve frecuentemente con una cornucopia o una canasta de manzanas, símbolos de la fertilidad. Aunque los celtas reverenciaron a esta diosa en un amplio territorio, los eruditos dudan que el nombre fuera, de hecho, celta. Un investigador sugirió que el nombre era originalmente ilirio.

Esus (también escrito Hesus y Aisus) es un dios celta. Fue representado cortando ramas de un sauce con su espada. Un intelectual sugiere que su nombre deriva de la raíz indoeuropea de "bienestar, pasión y energía". El sauce puede representar el "Árbol de la vida". Podría haber sido una parte de un Dios trino, Lugus.

Grannus es un dios celta de balnearios y manantiales termales curativos. También se asoció con el sol y, por lo tanto, con frecuencia se le asocia con Apolo como Apolo Grannus. Su culto también se asociaba frecuentemente con la Sirona celta y, a veces, con el Marte romano. Quizás el centro más famoso para adorar a Grannus se puede encontrar cerca de la ciudad moderna de Aachen, Alemania, el municipio más occidental de ese país. En la antigüedad, las aguas termales allí se llamaban Aquae Granni. Se dice que el emperador romano Caracalla (188-217 d.C.) las visitó con ofrendas votivas y oraciones para ser sanado.

Hesus (ver Esus).

Ialonus Contrebis (o Ialonus y Gontrebis) era un dios celta o dos dioses. La primera parte, Ialonus, parece provenir de una raíz que significa "limpieza".

Lenus es el dios celta de la curación, frecuentemente asociado con el dios romano Marte. Era particularmente importante para la tribu Treveri en lo que hoy es la Alemania occidental. A diferencia de la mayoría de los nombres sincretizados que combinan el celta con la divinidad romana, casi todas las inscripciones muestran "Lenus Mars", en lugar de "Mars Lenus". Muy a menudo, se le representa usando un casco corintio griego.

Litavis (también Litauis) es una diosa celta a veces asociada con el dios sincrético galorromano, Mars Cicolluis, sugiriendo que ella pudo haber sido su consorte. Algunos eruditos la consideran una diosa de la tierra con un nombre derivado de las raíces del lenguaje que significan "extenderse plano".

Loucetios es un dios celta cuyo nombre significa "relámpago". Fue frecuentemente asociado con Marte como Marte Loucetios, así como con la diosa gálica Nemetona o la Victoria romana. Era conocido en toda la región del Valle del río Rin, desde Austria y Suiza, a través de Alemania, Francia, Liechtenstein y los Países Bajos. Las inscripciones a este dios también se han encontrado en Angers, en el oeste de Francia, y en Bath, Inglaterra.

Lugus es un dios celta cuyo nombre sigue siendo un afín con el dios irlandés Lugh. Aunque raramente se menciona su nombre directamente, su importancia está implícita en la proliferación de nombres de lugares que parecen rendirle homenaje. Su nombre parece provenir de las raíces proto-indoeuropeas "para romper" y "hacer un juramento". Se cree que una imagen de tres cabezas encontrada en París y Reims representaba a Lugus y está asociada con el dios romano Mercurio. Los lingüistas sugieren que su nombre fue la base de los siguientes nombres de ubicación:

- Dinlleu, Gales
- Legnica, Silesia
- Leiden, Países Bajos
- Lothian, Escocia
- Loudoun, Escocia
- Loudun y Montluçon en Francia
- Lugdunum (Lyon moderno, Francia)
- Lugones, Asturias, España
- Luton, Inglaterra

Un erudito sugiere que Lugus era un Dios trino, representado por la imagen de tres cabezas, que representa a Esus, Teutates y Taranis.

Maponos es un dios celta cuyo nombre significa "gran hijo". Fue equiparado con el Apolo romano.

Mogons es un dios celta frecuentemente adoptado por soldados romanos comunes en la Britania romana y Galia. Los lingüistas sugieren que su significado deriva de las raíces de "efectivo" o "poderoso".

Nantosuelta es una diosa celta de la naturaleza, del fuego, la tierra y la fertilidad. Se cree que formó parte de los irlandeses Tuatha Dé Danann, en combinación con Sucellos y, posteriormente, con Dagda. Alguna evidencia sugiere que su nombre fue asumido por la Morrígan después de una unión de nuevas alianzas o una transformación. Su nombre literalmente significa "valle bañado por el sol" o "de un arroyo sinuoso".

Ogmios es un dios celta de la persuasión. Su nombre sigue siendo afín con el dios irlandés Ogma. Se le describe como una versión anterior de Heracles, el semidiós griego de gran fortaleza. Al igual que Heracles, Ogmios llevaba una piel de león y portaba un mazo y un arco. En su versión celta, sin embargo, se le ve con cadenas que le atraviesan la lengua, que fluyen de su boca y salen a los oídos de sus felices seguidores.

Ritona (también Pritona) era una diosa celta de las "cruces de agua" o "vados". Sus templos parecían tener más extras que muchos de los otros dioses, como patios que fácilmente podrían haber sido utilizados para la colocación de ofrendas rituales o la preparación de banquetes religiosos. Otro templo de ese tipo incluso tenía un teatro, supuestamente para actuaciones religiosas.

Rosmerta es una diosa celta de la abundancia y la fertilidad. Su imagen a menudo se encuentra junto al dios romano Mercurio, como si ella fuera su consorte. Fue adorada desde el centro de Francia hasta el oeste de Alemania.

Segomo es un dios de la guerra celta cuyo nombre significa "poderoso" o "vencedor". Naturalmente, está asociado con el dios romano, Marte, pero también con Hércules.

Sirona es una diosa celta en toda la Galia, pero también se venera al este del río Danubio. Se le ha asociado con la diosa romana Diana.

Sucellos es un dios celta frecuentemente representado con Nantosuelta. Por lo general, se le ve con un martillo o mazo grande, que fácilmente podría haber sido un barril de cerveza en un palo largo.

Suleviae era un grupo de diosas celtas cuyo nombre significaba "las que gobiernan bien". Este grupo a veces se asociaba con las Matres. De hecho, una inscripción comienza, "A las madres Sulevi..."

Taranis es un dios celta del trueno. Una curiosa coincidencia vincula a Taranis con el griego cíclope Brontes (cuyo nombre significaba "trueno"), ya que ambos estaban asociados con una rueda. Algunos eruditos sugieren que Taranis no era tanto un dios del trueno como en realidad un trueno en sí. Su adoración abarcó un amplio territorio que incluía Galia, Gran Bretaña, y partes de la ex Yugoslavia y la Alemania moderna. Lucan, el poeta romano, llamó a Taranis un "dios salvaje" que requería sacrificios humanos. Taranis también sigue siendo afín con el dios irlandés Tuirenn. Taranis también podría haber sido parte de un Dios trino, Lugus. Debido a su asociación con el trueno o su identidad como trueno, también está asociado con el dios romano Júpiter, el dios griego Zeus y el dios nórdico Thor.

Virotutis es un apodo celta que se le concedió al dios romano Apolo. Significaba, "benefactor de la humanidad". Apolo Virotutis era venerado al sur de Suiza y en el oeste de Francia.

Visucius es un dios celta cuyo nombre significaba "conocedor" o "de los cuervos". Por lo general, estaba asociado con el dios romano Mercurio, y era adorado desde el oeste de Alemania hasta el norte de España.

Otros Dioses Prestados

Una diosa que fue activamente buscada por los romanos fue la Gran Madre Frigia, Cibeles. La asimilación de esta diosa no tuvo nada que ver con la conquista. Durante la Segunda Guerra Púnica (218-201 a.C.), los romanos sufrieron un revés tras otro. Varios eventos naturales fueron interpretados como signos de un fracaso inminente en su guerra contra los cartagineses. Una de esas señales era una lluvia de meteoritos, que los antiguos siempre tomaban como un mal augurio, a pesar de que era muy probable que sus enemigos hubieran visto el mismo signo. Otro involucró una cosecha fallida y la consecuente hambruna. Pero eso fue simplemente una circunstancia natural del cambio climático, ya que el planeta se enfriaba entre los períodos cálidos. Hubo un descenso especialmente fuerte de la temperatura, medida en los núcleos de hielo de Groenlandia, indicativa de un período de enfriamiento del hemisferio norte que duró varios años durante la época de la Segunda Guerra Púnica. Pero, a pesar de estos factores, los romanos fueron persistentes e insistentes.

Después de consultar los oráculos sibilinos, los consejeros religiosos de Roma tuvieron una respuesta única a su problema. Si pudieran importar legalmente la Magna Mater (Cibeles) de Pesinunte, Frigia (la Anatolia centro-occidental o la actual Turquía), podrían recuperar el favor de los dioses.

A favor de Roma, el hogar de adoración de esta "Gran Madre" estaba en el centro de uno de sus aliados: el Reino de Pérgamo.

Inmediatamente, el Senado romano envió emisarios para obtener la aprobación del rey para que Roma importara a la diosa. Estos emisarios fueron detenidos por el Oráculo en Delfos para confirmar que estaban haciendo lo correcto y recibieron la confirmación que buscaban: que la diosa debería ser llevada de vuelta a Roma.

Para hacer oficial esta transferencia, el Rey de Pérgamo le dio a sus amigos romanos una piedra meteórica negra que simbolizaba a la diosa. En una gran ceremonia llena de pompa, la piedra fue encontrada en el puerto de Roma en Ostia y escoltada por el "mejor hombre" de Roma, Publio Cornelio Escipión Nasica, junto con un séquito de matronas virtuosas para llevar la piedra de vuelta al templo de Victoria y guardarse allí, mientras que se construía un templo más legítimo de la Gran Madre en la colina del Palatino.

No mucho después, la hambruna terminó, y los romanos salieron victoriosos contra Aníbal y los cartagineses.

Uno de los dioses más importantes que los romanos tomaron prestado de culturas distintas de los etruscos, griegos o celtas, fue el dios persa Mitra, renombrado Mitras por los griegos, y adorado por los soldados imperiales. Los ciudadanos en general conocían esta adoración, pero los adeptos guardaban sus rituales y oraciones en secreto. El mitraísmo romano era una "religión misteriosa", llena de simbolismo y secreto. No necesitaban ni querían nuevos miembros. Tuvieron un apretón de manos especial, además de un intrincado sistema de siete niveles para las diversas etapas de iniciación. Algunos rituales involucraban la muerte de un toro. Para sus seguidores, cada ritual simbolizaba la lucha entre el bien y el mal, y el sacrificio que a veces se requiere. El mitraísmo romano presentó una fuerte competencia para el cristianismo primitivo.

En el año 312 d.C., en la Batalla del Puente Milvio, Constantino el Grande (c.272-337 d.C.) tuvo una victoria decisiva, cuyo éxito más tarde atribuyó al Dios cristiano. Después de esa batalla, se convirtió al cristianismo y colocó al Dios cristiano por encima de todos los demás.

Después de casi dos siglos de brutal persecución, la religión cristiana se convirtió en la religión dominante en el Imperio romano. Debido a la conversión de Constantino, Europa se volvió predominantemente cristiana.

Capítulo 7 - La Verdad Detrás de los Dioses Romanos

Si bien es posible que nunca sepamos la verdad real detrás de cada dios y diosa romana, debemos reconocer que hay verdades desconocidas que bien pueden permanecer sin ser registradas ni reflejadas en ninguna historia, como sucede con cualquier mito. ¿Qué queremos decir con esto? Que es posible que los dioses pudieran haber sido creados para explicar fenómenos físicos o sociales. Esta es una posibilidad.

Otra posible verdad es que un dios o diosa pudiera haber sido un antiguo rey, reina, héroe o heroína.

Todavía otra posibilidad sostiene que algunos de los dioses y diosas del mito fueran grupos en lugar de individuos. Al menos otro investigador ha presentado esta idea, por lo que debemos permanecer abiertos a esta posibilidad.

Para los primitivos cazadores-recolectores, el nombre de un imperio podría haber sido un misterio, porque no tenían ningún concepto de "imperio". Por ello, es fácil ver cómo un nombre así podría haberse transformado en un dios o una diosa. También es posible que muchos de los rasgos de un dios pudieran referirse simplemente a los talentos colectivamente reunidos por un grupo, especialmente si los cazadores-recolectores sufrían a causa del poder del imperio.

Por ejemplo, confiamos en aquellos con autoridad. Pero durante más de mil años en Europa, aquellos con autoridad no consideraron desafiar sus ideas sobre el universo. Incluso hoy en día, las ideas no tradicionales son descartadas, ignoradas o incluso ridiculizadas simplemente porque no se ajustan a un consenso actual. Que una idea sea popular no la hace más correcta. Por ejemplo, los científicos del siglo XIX concebían la Ilíada de Homero como un simple mito con poca base, de hecho.

Los científicos consideraban que Troya era un mito puro porque no conocían ninguna evidencia de lo contrario. Si bien esta conclusión de la falta de pruebas es valiosa, no debería ser una búsqueda más profunda. La búsqueda de pruebas de Troya, de hecho, condujo al descubrimiento de Troya.

Es posible que la búsqueda de la verdad subyacente a los mitos pueda llevar a desafíos a la comprensión religiosa imperante.

Como vimos anteriormente, los etruscos tienen una relación genética con las personas que viven actualmente en lo que es la Turquía moderna (antigua Anatolia o Asia Menor). Los etruscos pueden haber sido descendientes de Eneas y los troyanos, o al menos las personas que vivían en Troya y sus alrededores. Por lo tanto, pueden haber sido parientes lejanos de Rómulo y Remo. ¿El etrusco era el lenguaje de los troyanos o un derivado de su lenguaje? Por lo que sabemos, los troyanos no emplearon la escritura, por lo que no podemos probar tal idea. Pero la incapacidad de probar una idea no la convierte en falsa. Simplemente sigue siendo una incógnita.

Un investigador, Rod Martin Jr., descubrió un vínculo lingüístico entre el etrusco (Rasenna) y el vasco (Eskual), aunque débil. La naturaleza del vínculo sugiere que ambas culturas pueden haber sido matriarcales a la vez. Las palabras más sentimentalmente preferidas en cualquier idioma pueden ser "madre" y "padre". El vasco para padre es "aita", mientras que para madre es "ama". El etrusco para padre era "apa", mientras que para madre era "ati". Esto, en sí mismo, parece muy débil, de hecho, y los términos parecen ser opuestos al género. Pero como vimos antes, la diosa etrusca de los comienzos era "Ana", mientras que el dios de los finales era "Aita". Estos coinciden casi perfectamente con los términos vascos por género.

Martin sugiere que ambas culturas pudieron haber sido matriarcales en la prehistoria. A medida que más sociedades patriarcales ingresaron a Europa, la presión de los iguales pudo haber afectado al deseo de cambiar.

"¿Qué? ¿Dejas que tus mujeres gobiernen? ¡Debes ser débil!" Sería la actitud de una sociedad patriarcal. Si una tribu patriarcal juzgara a una sociedad matriarcal como débil, podrían continuar atacando a esa sociedad. Cansada de ser atacada, una sociedad matriarcal podría cambiar para modificar la percepción de sus enemigos.

Tanto las culturas griegas como las romanas veían a los etruscos con desdén, a pesar de que los etruscos eran patriarcales porque les daban tanto poder a sus mujeres y les permitían poseer propiedades. Pero, ¿y si, en cambio, fueran las mujeres quienes les dieran el poder a sus hombres?

Al analizar los dos idiomas, Martin se dio cuenta de que ambos eran aglutinantes. Eso por sí solo prueba poco. Pero sugiere que los vascos cambiaron al patriarcado y mantuvieron los términos para madre y padre con el mismo género siempre apegados a esos términos. Sin embargo, los etruscos mantuvieron los términos con los roles sociales. Sus gobernantes habían sido madres y los hombres se convirtieron en las nuevas madres, "apa", o dos letras "a" separadas por un sonido labial ("p"), igual que el vasco para madre, "ama", también son dos letras "a" separadas por la "m" labial. Los nombres de su dios y diosa de finales y comienzos pueden tener la clave para el cambio de género, porque el vasco para padre, "aita", es exactamente lo mismo que el dios etrusco para los finales, "Aita". Y el vasco para la madre, "ama", es casi lo mismo que la diosa femenina etrusca para los comienzos, "Ana".

¿Qué validez puede tener este análisis? Incluso Martin reconoce que esta es una hipótesis que necesita apoyo adicional. Pero otra cultura puede validar esta noción de una sociedad matriarcal que cambia al patriarcado y mantiene los términos con el papel más que con el género. Otro lenguaje aglutinante-georgiano (Kartuli ena) puede haber experimentado un fenómeno similar. Hoy, en georgiano madre es "deda" y padre es "mamá".

Georgia, en el extremo oriental del Mar Negro, en un momento se llamó Cólquida, el reino que contenía el vellocino de oro y un dragón dorado para protegerlo. ¿Estaban los georgianos relacionados de alguna manera con los troyanos, los etruscos y, por lo tanto, los vascos? Los lingüistas del siglo XIX sintieron que las similitudes entre el País Vasco y Georgia eran lo suficientemente fuertes como para considerar la posibilidad de que descendieran de la misma lengua. Ambas regiones también han sido llamadas "Iberia", a pesar de que están separadas por miles de kilómetros. Por más tentadores que sean las posibilidades, necesitamos usar la razón y recordarnos a nosotros mismos que simplemente no podemos saberlo. Hoy en día, los lingüistas nos dicen que la evidencia que vincula los dos idiomas es demasiado tenue como para demostrar un vínculo. Pero, de nuevo, la falta de evidencias nunca es una prueba en contra de una tesis. Solo significa que necesitamos más pruebas para demostrar su posible veracidad.

En un análisis final, es posible que nunca tengamos respuestas concluyentes a nuestras preguntas sobre los comienzos divinos. La familia de dioses romanos fue tal vez una de las más grandes de todos los antiguos panteones, simplemente porque absorbieron a los dioses y diosas de los pueblos que conquistaron.

Pero, ¿y las criaturas de los mitos? ¿Había alguna base en la realidad para ellas también, o estaban todas basadas puramente en la imaginación? Considere, por ejemplo, lo que un hombre primitivo podría pensar de alguien con un traje de vuelo o un traje espacial de astronauta. ¿Se consideraría la placa frontal de su casco como "un ojo", convirtiéndolos entonces en un cíclope?

Algunos investigadores creen que los centauros fueron simplemente el resultado del choque primitivo y el asombro al ver a un hombre normal montar a caballo. En su imaginación, solo veían el torso humano y la cabeza y el cuerpo del caballo. Al no haber visto nunca la combinación de caballo y jinete, la mente primitiva intentó procesar la imagen de la única manera que pudo, imaginando que habían sido testigos de un nuevo tipo de criatura.

¿Podría el fauno simplemente haber sido un soldado con polainas peludas y botas de cuero, usando un casco con cuernos? Estas son algunas posibilidades, pero no hay forma de saberlo con certeza.

Y así es la naturaleza de cualquier mito. Sus comienzos permanecen envueltos en las brumas de la prehistoria.

Conclusión: Lo Que Hemos Aprendido

Espero que este libro le haya ayudado a obtener una nueva perspectiva de los romanos y una visión general de sus dioses, diosas y criaturas mitológicas.

En la introducción, aprendimos que los romanos eran un grupo serio. Aunque no eran muy creativos, sí tenían muchas virtudes, incluido el hecho de que trabajaban duro y eran hábiles para utilizar bien los recursos disponibles. Aprendimos que originalmente eran agricultores y que sus dioses tenían mucho que ver con la lluvia y los cultivos.

El capítulo 1, "La conexión troyana", nos hizo aprender sobre Eneas y sobre una diosa en particular que odiaba a los troyanos y los sobrevivientes de la Guerra de Troya. También aprendimos sobre el contexto histórico del mito romano de Eneas.

En el capítulo 2, "Fundación de Roma", analizamos con más detalle la fundación de esa gran ciudad por Rómulo y Remo. También aprendimos cómo la pequeña Roma estaba rodeada por docenas de otras tribus, cada una compitiendo por la supremacía o simplemente tratando de sobrevivir.

El capítulo 3, "Dioses puramente romanos", nos mostró el primer reino romano y la celebración del dios del río, Tiberino. También vimos una lista de dioses romanos, muchos de los cuales puede que no resultaran familiares para un estudiante casual de historia. Y vimos algunas de las criaturas torpemente carentes de imaginación del mito romano.

En "Préstamos de Etruria" (capítulo 4), vimos a los dioses y diosas aportados por un vecino mucho más grande que Roma al norte de Rasenna, o como los romanos los conocían: Etruria. Nuestra narración tomó un tono fantástico al establecer una posible interpretación de cómo los diversos panteones pueden encajar. También vimos cómo los etruscos podrían haber estado más estrechamente relacionados con los romanos de lo que nos han hecho creer, con unos antepasados que posiblemente vinieron de Troya junto con Eneas. Y aprendimos algunos dioses y diosas que se incorporaron al panteón romano.

Quizás la mayor contribución extranjera a la mitología romana provino de los griegos. En el capítulo 5, "Influencia de los griegos", vimos cómo casi todos los dioses y diosas romanos más conocidos eran en gran parte dioses griegos que fueron rediseñados como romanos. Y vimos cómo la lista más rica de criaturas míticas romanas estaba llena de nombres tomados de los griegos. Esto no debería sorprendernos, porque, para los romanos, el mito griego simplemente se había convertido en parte de su propia historia.

En el capítulo 6, aprendimos cómo los celtas añaden gran parte de su propia mitología a la de los romanos. Con el panteón celta, los dioses y diosas romanos ahora adquirieron nombres compuestos que combinaban elementos romanos y celtas.

Finalmente, en el capítulo 7, exploramos algunos de los posibles orígenes de los dioses y diosas.

¿Me puede ayudar?

Si usted disfrutó este libro, realmente apreciaría que publicara una breve reseña en Amazon.

¡Gracias por su apoyo!

BIBLIOGRAFÍA

Apollodorus [Pseudo-Apollodorus]. *The Library*. James George Fraser, trans. London: William Heinemann, Ltd., 1921.

Callimachus. *Hymns and Epigrams, Lycophron and Eratus*. A. W. Mair and G. R. Mair, trans. 2nd ed. Cambridge, Mass: Harvard University Press, 1921.

Hesiod. *Theogony and Works and Days*. M. L. West, trans. Oxford: Oxford University Press, 1988.

Homer. *The Iliad*. Robert Fagels, trans. New York: Viking Penguin, 1990.

———. *The Odyssey*. Robert Fagels, trans. New York: Viking Penguin, 1996.

Moore, Abraham, trans. *The Olympic and Pythian Odes of Pindar*. Boston: Nathan Haskell Dole, 1903.

Nagy, Gregory, trans. "Homeric Hymn to Demeter." <http://www.uh.edu/~cldue/texts/demeter.html> Accessed 12 February 2018.

Oldfather, C. H., trans. *Diodorus of Sicily in Twelve Volumes*. Volume 2: *Books II (continued), 35–IV, 58.* London: William Heinemann, Ltd., 1968.

Pausanias. *Description of Greece*. W. H. S. Jones, trans. Revised ed. Cambridge, MA: Harvard University Press, 1918.

Stewart, Aubrey, and George Long, trans. *Plutarch's Lives*. Vol. 1. London: G. Bell and Sons, 1925.

Haar, James. "Music of the Spheres." In *Oxford Music Online: Grove Music Online*.
<www.oxfordmusiconline.com> Accessed 16 February 2018.

Wright, Craig. *The Maze and the Warrior: Symbols in Architecture, Theology, and Music*.
Cambridge, MA: Harvard University Press, 2001.

36626663R00061

Made in the USA
Middletown, DE
16 February 2019